René des CHESNAIS

Vie

— DE —

SAINT

MARTIN

illustrée

PRIX : UN franc

LOUIS DUBOIS

TOURS

10, RUE GAMBETTA, 10

René des CHESNAIS

VIE

DE

SAINT MARTIN

ILLUSTRÉE

Louis DUBOIS

IMPRIMEUR-ÉDITEUR

10, RUE GAMBETTA, 10

TOURS

SAINT MARTIN EN PAGE HENRI II
(Statue en bois, église de Bussy-Saint-Georges).

A Sa Grandeur Monseigneur RENOU,
archevêque de Tours.

Monseigneur,

*Je prie Votre Grandeur d'agréer l'hommage de ces
quelques pages, hâtivement écrites, sur la vie du plus
glorieux de vos prédécesseurs.*

*De droit, elles appartiennent à l'histoire de votre
apostolat. Car, en vous appelant à présider le quinzième
centenaire de la mort de saint Martin, Notre-Seigneur
Jésus-Christ a voulu que vous complétiez avec éclat ce
laborieux pèlerinage où, de la paroisse d'Amboise à la
métropole de Tours, vous avez, par la route d'Amiens,
mêlé si heureusement les étapes de votre zélé et fécond
ministère aux réconfortants souvenirs du grand Apôtre
des Gaules.*

*Veuillez, je vous prie, Monseigneur, bénir l'auteur de
ce petit volume très imparfait, et lui faire l'honneur de
le compter au nombre de vos fils les plus respectueuse-
ment soumis et dévoués.*

René des CHESNAIS.

Tours, le 25 Octobre 1897.

ARCHEVÊCHÉ

DE

TOURS

—

Monsieur l'abbé,

*Je vous remercie d'avoir bien voulu m'aider à tra-
vailler à la gloire de Dieu en glorifiant un de ses plus
grands serviteurs.*

Vous aurez puissamment contribué à vulgariser la

vie et les vertus de saint Martin. Vous avez reproduit les diverses phases de son existence en une série de tableaux charmants. Votre style rapide, imagé, captive et entraîne le lecteur. Quand il aura commencé, soyez sûr qu'il ira jusqu'au bout.

Je prédis à votre ouvrage un réel succès.

Aussi, Monsieur l'abbé, me permettrez-vous d'ajouter à mes remerciements mes sincères félicitations.

Je bénis bien volontiers l'ouvrage et son auteur.

Tours, le 1er Novembre 1897.

✝ RENÉ-FRANÇOIS. Arch. de Tours.

IMPRIMATUR

die 1 nov. 97.

✝ RENATUS-FRANCISCUS, Arch. Turon.

CHAPITRE I

UNE VISITE A POITIERS

(347)

LE CHRISTIANISME A POITIERS. — L'ÉVÊQUE MAIXENT. — LE PATRICIEN HILAIRE. — VISITE DE L'ARCHEVÊQUE DE TRÈVES. — LE SLAVE MARTIN. — L'HÔTE D'HILAIRE.

Avec ses anciennes maisons, ses abords
grimpants, ses restes curieux de monuments
détruits, et son embrouillée de rues tortueu-
ses et rustiques, Poitiers a gardé, à travers
les âges, une couleur particulière de vieil-
lerie résistante et vivace. Ce n'est pas la mine
attristée des choses mortes, le mélancolique
aspect des ruines. Sur les pentes du coteau
où elle s'est négligemment assise au hasard
des plis du rocher, la ville, grise et morne à
l'intérieur, a, vue du dehors, une physiono-
mie peu banale, et se présente, irrégulière
et capricieuse, dans un cadre pittoresque de
vertes collines et de joyeuses rivières.

Sous le soleil des beaux matins d'été, ses

toits et ses murs mal alignés prennent, du côté où coulent à ses pieds les eaux du Clain, un air de jeunesse qui contraste avec l'apparence usée et décrépite de l'ensemble. On dirait une de ces vieilles et vigoureuses paysannes poitevines, à la figure parcheminée qui, les dimanches, s'en vont, en grande coiffe blanche, à l'office paroissial, toutes pimpantes de leur toilette de fête, et alertes encore, et bien vivantes, malgré les années et les rides.

Je ne sais quelles étaient, il y a quinze siècles, l'étendue et l'importance matérielle de l'ex-capitale des Pictaves. Mais, j'imagine que la cité gallo romaine devait, avec plus de fraîcheur et moins de bâtisses, avoir déjà, dans son allure escarpée et sa tenue cahoteuse, quelque ressemblance initiale avec le chef-lieu actuel du département de la Vienne.

Je la suppose alors plus mouvementée qu'aujourd'hui. Placée sur la route de Bordeaux à Tours et à Paris, elle arrêtait certainement au passage les voyageurs armés et les inoffensifs pèlerins, ceux qui cheminaient pour leurs affaires ou leurs plaisirs, et devait être l'une des hôtelleries où s'attablaient successivement soldats, gens du fisc, marchands et vagabonds.

C'était une ville lettrée. Car, ses relations fréquentes avec sa voisine artistique et savante des bords de la Garonne l'avaient teintée de littérature. Elle recevait comme un reflet de l'académique Bordeaux, dont les célèbres écoles et les maîtres fameux avaient une haute renommée dans toute la région comprise entre les Pyrénées et la Loire.

Visitée de bonne heure par les missionnaires de l'Évangile, la population de Poitiers était, vers le milieu du IVe siècle, presque toute chrétienne, tandis que les campagnes environnantes restaient encore en partie attachées au paganisme. Dans la ville même, la foi avait fait moins de progrès dans les milieux aristocratiques que parmi les classes plébéiennes; et plusieurs familles importantes, par morgue ou par routine, se tenaient obstinément à l'écart des croyances nouvelles.

Deux hommes de grand mérite étaient, à cette époque, à la tête de la société chrétienne de Poitiers. L'un était l'évêque Maixent ; l'autre, un jeune patricien, nommé Hilaire.

Tous deux étaient Poitevins.

Maixent, usé par un laborieux épiscopat plus que par les années, achevait, dans un dernier effort de travail, une existence toute de vertu et de dévouement. C'était une belle figure de pontife, austère et grave. Il vivait en dehors du mouvement général et des affaires politiques, entièrement absorbé par les fonctions d'un ministère difficile.

Hilaire n'avait guère plus de trente ans, et n'était chrétien que de date récente. Riche, noble, gâté par la nature et la fortune, il s'était adonné aux études, dès son enfance. Doué d'une remarquable intelligence, il avait, avant vingt ans, fouillé déjà l'érudition léguée par les penseurs anciens, et s'était facilement assimilé toutes les connaissances de la science contemporaine. Très instruit dans la philosophie païenne, formé aux ingénieux artifices et aux élégances de l'habile rhétorique en vogue, il avait épuisé tout ce que la raison humaine pouvait lui fournir. Les problèmes les plus ardus, les doctrines les

1. Apparition du diable
   à saint Martin.

2. Le faux Christ.

3. Le bouvier.

(Bibl. de Tours. Ms. 1018).

plus profondes, les questions les plus com-
plexes avaient tour à tour enchaîné son im-
patiente curiosité et fatigué la persévérance
de ses recherches. De toutes ces choses vaines,
incomplètes, illusoires, il n'avait, au bout de
ses méditations fiévreuses, recueilli que le
dégoût, la lassitude, le besoin d'un au delà
meilleur et plus haut.

Marié à une femme charmante, père d'une
fillette qu'il chérissait, il avait trouvé dans
la joie des pures affections de la famille une
pâture pour les tendresses de son cœur, mais
non un repos pour les inquiétudes de son
esprit. L'invisible et l'incompris continuaient
à le tourmenter. Le mystère insondable de
la divinité, de l'âme, de la vie future, du
bien et du mal, obsédait sa pensée et décou-
rageait douloureusement l'effort, sans cesse
renouvelé, de son impuissante étude.

La Providence le rapprocha de Maixent.
Le vieillard, blanchi au service de Dieu, fut
pour le docte païen un initiateur et un guide.
Hilaire fut séduit par la lecture des Livres
sacrés. La majestueuse envolée de l'Ancien
Testament fascina son imagination de poète.
Les suavités sublimes de saint Jean ache-

vèrent la conquête de sa raison éblouie; et il se prit d'amour pour les doctrines merveilleuses qu'il épelait, écolier ravi, dans les pages de l'Évangile. La lumière brilla dans son âme, enfin épanouie et reposée; et, désormais croyant, il adora, dans son incomparable beauté, la divine personnalité du Christ.

Le baptême le transforma et le fit apôtre. Sa foi rayonnante s'épandait autour de lui sur sa famille, sur ses amis, sur tous ceux qui le voyaient et l'entendaient.

La conversion de sa femme et de sa fille Abra compléta la révolution de sa vie, en christianisant son foyer. Sa maison fut un sanctuaire intime où s'abrita, dans la paix, la pratique quotidienne de l'Évangile.

Avec son sang aristocratique et sa culture intellectuelle si soignée, il représentait le produit hors concours d'une civilisation raffinée. Agréable, correct, élégant, artiste, il sentait le grand seigneur et le personnage de marque. La grâce divine effaçait en lui les préjugés païens, avait fait disparaître la distinction de l'homme ; des études encyclopédiques lui avaient composé une auréole de science. Ce n'était pas un déclamateur, ni un rhéteur ; mais, il y avait en lui quelque chose du philosophe et de l'académicien. Sa parole abondante et facile, sa phrase colorée, ses manières aisées, ses façons de gentilhomme de race, le posaient, dans tout cercle où il se montrait, immédiatement au premier rang. Une sorte d'atmosphère de grandeur et de dignité l'entourait, qui commandait la déférence. La finesse de sa conversation mettait un goût d'atticisme aux choses qu'il disait. Son langage, souvent très élevé, et qui prenait volontiers une tournure allégorique et une éclatante richesse de style, captivait l'attention.

D'autre part, le charme de sa personne, le prestige de son savoir, l'honorabilité de son passé, la sincérité transparente de ses convictions, lui donnaient une indiscutable autorité et lui assuraient partout le respect.

C'était, à la fois, par l'esprit, un dialecticien grec dans la grâce athénienne, et, par le cœur, un franc chrétien de Gaule dans l'ampleur de l'élégance patricienne.

Il devint le confident de Maixent. Le vénérable prélat recherchait l'amitié de ce néo-

phyte de choix, dont il pressentait peut-être
secrètement la haute destinée et les gloires
futures. Il l'intéressa à ses œuvres pastorales,
l'associa à ses labeurs, le prépara peu à peu
à un prochain sacerdoce. Hilaire reporta sur
la Bible et les questions du dogme catho-
lique l'activité studieuse qu'il avait aupara-
vant appliquée aux études profanes. Son
influence, déjà considérable sur ses conci-
toyens, s'accrut de toute la force que le zèle
évangélique ajoutait, en les surnaturalisant,
aux aspirations de son intelligence. Sa ma-
gistrale réputation d'érudit et d'écrivain gran-
dit chaque jour; et il fut, dès lors, le chef
incontesté du parti chrétien dans le Poitou.

On était aux premiers jours d'été de l'an-
née 347, quand un événement, d'apparence
insignifiante, vint apporter à l'apostolat
naissant d'Hilaire le concours inattendu du
plus précieux collaborateur.

Un matin, un message parvint à Maixent,
lui annonçant la prochaine visite de son
frère Maximin, archevêque de Trèves.

Quelques semaines après, Maximin arrivait
à Poitiers. Il n'était pas seul.

Avec lui se trouvait un jeune homme que l'archevêque paraissait affectionner fort, et qu'il présenta à Maixent comme son fils adoptif et le fidèle compagnon de ses travaux. A côté du pontife aux cheveux blancs, à l'allure fatiguée, à la démarche lente, le jeune étranger, en un contraste saisissant, avait, sous son poudreux manteau de voyageur, la mine dégagée et l'air martial d'un soldat. Il avait, en effet, servi pendant près de dix années dans l'armée impériale. C'était un slave. Il s'appelait Martin.

Petit, maigre, nerveux, avec des traits irréguliers, une certaine incorrection dans l'ensemble extérieur, et une rusticité de dehors qui trahissait l'importation danubienne, Martin, dès le premier abord, forçait l'attention. Sa figure, hâlée par les duretés d'une vie aventureuse, dénonçait la franchise et rayonnait l'intelligence. Dans ses gestes, dans sa parole, dans son accent exotique, s'affirmait la puissante originalité d'une nature neuve et qui est restée elle-même. Ses yeux, d'une extrême vivacité, avaient, quand ils se fixaient sur quelqu'un, un regard d'une pénétration troublante, et semblaient lire au fond des consciences. Il y avait, dans la physionomie extraordinaire de ce quasi barbare, un étonnant alliage de force contenue et d'indicible bonté, un étrange relief de secrète énergie et d'expressive douceur, qui se fondaient et s'harmonisaient dans ce je ne sais quoi d'indulgent et de virginal qui est le reflet et le signe certain d'une âme supérieure.

Hilaire se sentit immédiatement attiré vers cet étranger. Quelques instants d'observation suffirent à son œil perspicace pour deviner, sous une enveloppe presque vulgaire, un caractère d'élite et un tempérament de héros.

Martin, d'ailleurs, n'était pas tout à fait un inconnu dans le Poitou. Dans l'échange fréquent des lettres entre l'archevêque de Trèves et l'évêque de Poitiers, il avait été plus d'une fois question du jeune Slave. Depuis six ans qu'il avait abandonné le service militaire, Martin n'avait point quitté Maximin, dont il habitait la maison et partageait les sollicitudes; et l'éloge que ne cessait d'en faire le métropolitain des Gaules témoignait de l'exceptionnelle estime où il tenait l'ancien soldat.

La connaissance fut donc vite complétée
entre Hilaire et Martin. Entre ces deux
grands cœurs, la sympathie ne pouvait qu'être
réciproque. Ils eurent bientôt l'un pour
l'autre une vive amitié et devinrent insépa-
rables.

Maximin était l'hôte de l'évêché. Il au-
rait désiré garder près de lui son compagnon
de voyage. Mais, Hilaire insista pour avoir
le Slave chez lui.

CHAPITRE II

LE PASSÉ DE MARTIN
(317-347)

ENFANCE DE MARTIN. — L'ÉCOLIER DE PAVIE. — DANS L'ARMÉE. — LE MANTEAU D'AMIENS. — DÉMÉTRIUS. — LE CAMP DE WORMS. — CHEZ L'ARCHEVÊQUE DE TRÈVES.

Ce n'était pas un type banal, ce Pannonien
moitié soldat et moitié paysan, mal façonné
aux formes policées et aux usages des cités,
transporté ainsi des pays d'outre-Rhin dans
une villa patricienne du Poitou.

Jamais fruit sauvage, cueilli à quelque
branche agreste, n'a mieux gardé la saveur
des bois. Sur le territoire éloigné où, en 317,
il était né au village de Sabarie, par delà le
massif épais de la Styrie, Martin avait poussé
au grand air et en pleine liberté.

Dans le val étroit de la Pannosa, il avait
éclos, comme un oiseau des montagnes au
creux du rocher. Sur les pentes voisines,
chargées de forteresses et de défenses mili-

taires, il avait essayé, en des escalades témé-
raires, les premiers efforts de ses muscles
d'enfant. Dans le cottage paternel, la paix de
la solitude champêtre avait inspiré ses
ébauches de rêves naïfs, et bercé les nais-
santes ambitions de son imagination.

Quelques années passées dans une école
de Pavie, où il n'étudia guère, n'avaient
point défloré son originalité primesautière
d'enfant des bois. De ces classes rudimen-
taires et superficielles, qui l'ennuyaient, il
prit surtout, pour toute sa vie, le dégoût des
clôtures et des occupations stagnantes.

Sous une écorce frêle, la fibre dont il était
fait était singulièrement robuste. C'était,
avant tout, un résistant. La souplesse de son
esprit et de son corps facilitait, sans l'affai-
blir, la solide vigueur de son tempéra-
ment.

Sa vraie éducation s'acheva au milieu des
camps, au son des trompettes militaires. Fils
d'officier supérieur, il suivit son père dans
les garnisons de frontières et les avant-postes ;
et il grandit entre les faisceaux d'armes et
les aigles romaines.

Le Martinsberg (près Sabarie) lieu de naissance de Saint-Martin
Église et Monastère actuels.

Sa famille, comme celle d'Hilaire, était païenne; et rien, ce semble, dans les influences ambiantes, ne devait orienter le jeune Martin vers le christianisme. Cependant, au contraire du noble Poitevin qui, péniblement, avait louvoyé dans les recherches laborieuses et les doutes, le Slave inculte, du premier essor de son cœur, devina la foi du Christ. A dix ans, il s'improvisa lui-même chrétien; et, trompant la vigilance de ses maîtres, il s'échappa de l'école et alla s'inscrire, dans une église de Pavie, sur la liste des catéchumènes.

L'école buissonnière l'avait, d'un seul coup et tout droit, conduit au bon chemin où s'attarda si longtemps la sagesse du docteur. D'ailleurs, le goût de l'école buissonnière, si tôt satisfait et si bien récompensé, était fortement ancré dans le fond de ce nomade d'instinct. Il fut, jusque dans sa vieillesse, un marcheur infatigable, un pèlerin de vocation, un chevalier errant. Bâti pour la lutte et la course, apte à tous les exercices physiques, flexible et adroit, insouciant du confort et dédaigneux de la mollesse, il vécut pour l'action et par l'action; et le sang bouil-

lant, qui chauffait ses veines, le poussa irré
sistiblement dans le mouvement perpétuel
et les incessantes pérégrinations.

Il étouffait dans l'enceinte maussade des
villes. Sa passion était pour la campagne,
l'air libre des plaines ensoleillées ou des
crêtes abruptes. Réfractaire à tout ce que la
civilisation a d'artificiel et de convenu, il ne
se trouvait à l'aise qu'en dehors des milieux
réglementés. Il lui fallait les rives vivantes
le long desquelles couraient des torrents ou
des ruisseaux, les dérobées ombreuses des
profondes forêts, les coins mystérieux ca-
chés aux échancrures des vallées, les prairies
couvertes de fleurs qui sentaient bon, les
taillis pleins d'oiseaux qui chantaient Dieu.

A douze ans, il tentait de se soustraire à
une tutelle intolérable, et s'enfuyait, dans les
champs de la Lombardie, en quête d'une
retraite bien éloignée du monde, où rien ne
viendrait troubler ses songes heureux et
étrangler sa liberté.

C'est bien malgré lui qu'on le fit soldat. La
passivité inconsciente de la routine régimen-
taire était impossible à ce caractère mo-

bile et spontané. Son père, vieux militaire, chargé d'un haut commandement, n'admettait point pour son unique fils une autre carrière que celle des armes. Désespérant de vaincre la volonté paternelle et ne pouvant se résoudre à sacrifier son indépendance, Martin essaya une troisième fugue et disparut.

On lança des cavaliers à sa poursuite. Il fut arrêté, enchaîné, ramené de force, jeté dans un cachot, et immatriculé dans la milice palatine. Il n'avait alors que quinze ans.

Revêtu, malgré lui, de l'uniforme militaire, l'enfant de troupe en prit son parti bravement. Il se plia de son mieux à la corvée qu'on lui imposait, bien résolu, toutefois, à s'en affranchir à la première occasion favorable.

En attendant l'heure opportune de la délivrance, il fit consciencieusement son métier, non sans saisir au passage, çà et là, chaque fois qu'il le put, quelques bribes de sa liberté perdue. Le plus possible, entre deux exercices réglementaires, il s'écartait des campements ou des bastions, et s'en allait, rêveur, courir les champs et emplir ses poumons avides des

suaves senteurs des bois et des brises forti-
fiantes des horizons sans murs.

Incorporé à dix-neuf ans dans les lanciers
de la garde impériale, il promena, à la suite
de l'empereur, sa vagabonde humeur et son
cheval hongrois, des bords du Danube aux
rives de la Somme.

Dans cette âme ardente, Dieu avait enfoui
un trésor de générosité, de bonté et d'amour.
Sous l'efficace rayon de la grâce, ces germes
de sainteté se développèrent magnifiquement,
et devaient s'épanouir en une superbe florai-
son.

La rude discipline du régiment, à laquelle
s'assujettissaient difficilement ses goûts et ses
habitudes, ordonna, sans en rien détruire,
la vivacité et l'initiative qui caractérisaient
sa nature. Il accepta la monotone existence
du troupier comme une épreuve, et en fit
un apprentissage d'une carrière plus belle
que projetaient ses secrètes ambitions. Dans
les fastidieux détails du service, il s'essayait
à la pratique des commandements divins. Il
esquissait à grands traits quelques linéa-
ments du sublime modèle qu'il s'était choisi.

Son unique maître était le Christ. A lui seul, dans le fond de son cœur, il obéissait. Le reste ne comptait pas.

Il fut, dans l'armée, un type à part, un soldat d'exception, ne se mêlant point aux passe-temps de caserne, s'abstenant des divertissements où se plaisaient les jeunes gens de son âge. Sans jamais se dérober aux exigences journalières du métier militaire, il sut se créer une sorte d'indépendance, une vie personnelle, pure et nette, au milieu du tumulte des campements et de la corruption des garnisons. Austère à côté de la débauche, désintéressé en face de cupidités effrénées, d'une probité que ne tentait aucune convoitise, d'une fermeté où se heurtaient vainement les plus tenaces sollicitations, il resta, sans un seul moment de défaillance, irréprochable, loyal, esclave du devoir, fidèle à l'honneur, chrétien par la vertu avant de l'être par le baptème.

Bon camarade, d'ailleurs, de joyeuse et avenante compagnie, indulgent aux faibles, dévoué pour tous, brave, entreprenant, actif, il conquit toutes les sympathies par sa franchise, sa douceur, sa cordialité et son entrain.

Quand, aux abords du Rhin ou dans la banlieue d'Amiens, il s'en allait en patrouille ou parcourait, en rondes d'inspection, les lignes des postes avancés, certes, on eût juré, en le voyant chevaucher en tête du peloton d'éclaireurs pannoniens, que ce hardi cavalier, au teint basané, à la désinvolture dégagée, à peine drapé dans son léger manteau, et de si fière mine avec sa longue lance et son cheval sauvage, était né pour les armes et avait dans le corps et le sang l'instinct de la guerre et la fièvre des conquêtes.

Et pourtant, Martin portait avec ennui et écœurement son épée et son casque.

Assurément, il avait l'âme d'un guerrier et, à un haut degré, les qualités maîtresses des conquérants. Mais, la guerre était meilleure et les conquêtes plus durables, dont il ambitionnait la gloire. Il ne se sentait pas fait pour ces parades officielles qui, dans la paix, le traînaient en laquais, avec l'escorte impériale, d'un bout à l'autre des provinces romaines. Il y avait mieux que ces inutiles gardes de frontières, en face de hordes barbares toujours menaçantes, dont l'or de l'empereur achetait, sans combat, les trèves oné-

Amiens.

reuses et déshonorantes. Il n'était pas soldat pour suivre, en leurs luttes fratricides, les mêlées sanglantes où, tour à tour, les légions révoltées jouaient le sort de l'empire et décidaient, entre un égorgement de prince et un pillage de ville, du choix éphémère d'un César d'aventure.

Ce qu'il aimait, c'était le Christ; et il l'aimait uniquement au monde. Son cœur, incapable de se partager, s'était donné, sans restriction, à ce Maître adoré; et c'était lui, et lui seul qu'il voulait servir. Il le cherchait partout. Il avait soif et faim de lui. Et, si tant lui plaisaient les campagnes, c'est qu'il y trouvait mieux la présence de son Dieu, loin des impiétés humaines; c'est que, dans le cadre virginal des forêts ou des montagnes, il était plus près du Roi éternel qui les a créées.

Combattre, il le désirait; conquérir, il le demandait. Mais, ce combat et ces conquêtes qui tentaient son courage et allumaient ses impatiences, c'étaient le combat pour le Christ, et la conquête de son règne.

Notre-Seigneur a dit : « Je ne serai pas toujours là; mais les pauvres y seront toujours. » Il a dit encore : « Ce que vous ferez au moindre de vos frères, c'est à moi que vous le ferez. »

Et Martin, qui savait servir son **Maître**, le servait dans les malheureux, dans les abandonnés, dans les misérables que le monde égoïste méprise, écarte et rejette. Sous l'enveloppe hideuse de l'indigent en haillons, son regard passionné découvrait la splendide beauté du Christ. Nous nous agenouillons devant des figures de Jésus en bois, en pierre ou en or. Mais, lui, le Slave chrétien, il s'agenouillait devant les loques poussiéreuses qui pendaient aux épaules d'un lépreux ou d'un infirme, sachant que, dans cette chair flétrie, le Seigneur a caché avec amour sa royale et vivante image.

Aussi, sa bourse, jetée à toutes les aumônes, était-elle constamment vide. Mais, son propre dénuement ne décourageait pas sa libéralité; et, n'ayant plus rien, dans son ingénieuse charité, il trouvait encore de quoi donner.

Un froid matin d'hiver et de gelée, il rentrait à cheval dans la place forte d'Amiens. Au bord du chemin, un pauvre hère, presque nu, grelottait sous la bise. Martin l'aperçoit. Son bon cœur n'hésitait jamais. Il prend son épée, coupe en deux son manteau, en donne une moitié au mendiant, s'enveloppe lui-même dans l'autre morceau, et regagne, sans plus y penser, le quartier de cavalerie.

Dans son sommeil, la nuit suivante, Jésus lui apparut, escorté par des anges, et couvert du morceau du manteau si généreusement abandonné au pauvre. « Cet habit, dit le Seigneur, c'est le catéchumène Martin qui m'en a revêtu. »

L'impression fut vive et profonde dans l'âme du charitable lancier, de cette vision du Christ. Il avait alors vingt ans, c'était en 337. Plus que jamais, le fervent catéchumène fut épris de son Maître, et désireux de se consacrer entièrement à lui. Il se prépara au baptême, qu'il reçut dans l'église de Thérouanne l'année suivante, aux fêtes pascales.

Martin avait au régiment un ami, nommé Démétrius. C'était son ordonnance. Avec son sens chrétien et sa native bonté, il avait, dès

le premier jour, traité ce serviteur, non
comme un subalterne, mais comme un frère.
Tout fut commun entre eux. Jamais cama-
rades ne partagèrent plus impartialement
plaisirs et joies, fatigues ou délassements, la
bonne et la mauvaise fortune. Jamais égalité
pareille et plus complète rivalité de dévoue-
ment réciproque ne se rencontrèrent entre
compagnons ; et, s'il y eut une différence, elle
fut que, souvent, Martin, toujours prompt à
bien faire, devançait le zèle de son domes-
tique et le servait plus fréquemment qu'il
n'en était servi. Il l'associa à sa foi, à ses au-
mônes, à ses projets d'avenir. Il l'emmena
dans ses promenades rêveuses, lui fit com-
prendre, adorer Dieu dans la nature. Il lui
montra le Christ dans le prochain souffrant,
dans l'être humain faible, abject, dédaigné.
Il lui fit aimer ce qu'il aimait lui-même,
avant tout son Maître Jésus, et les pauvres
en qui revit Jésus, et la pure atmosphère,
saine à l'âme et au corps, des libres cam-
pagnes, où rien des mensonges du monde ne
se met entre Dieu et nous.

En 341, Martin avait vingt-quatre ans. Il

pensa avoir suffisamment satisfait aux volontés de son père et largement rempli ses devoirs militaires. Il demanda son congé définitif.

L'armée impériale était alors campée sur les bords du Rhin, aux environs de Worms. Les officiers tenaient à ce cavalier sans peur et sans reproche, et le commandant était peu disposé à lui signer sa feuille de route.

Avec son aplomb habituel, le Slave s'adressa directement à l'empereur.

Constant passait une revue générale des troupes. En prévision d'une campagne prochaine, il fut décidé que des largesses seraient faites aux légions. Le jour de la distribution, on procéda à l'appel de tous les soldats. L'empereur présidait.

Quand vint le tour de Martin, l'audacieux lancier se présenta hardiment et dit à Constant :

« Voilà neuf années que je sers sous vos drapeaux. Laissez-moi désormais servir Dieu seul. Distribuez vos présents aux gens qui doivent vous servir encore. Pour moi, je ne puis les accepter, et je n'en veux pas. Car, je suis soldat du Christ, et je ne me battrai plus pour vous. »

Un pareil sans-gêne fit scandale.

« On se battra demain peut-être, dit l'empereur irrité. C'est la peur qui te pousse à déserter, et non l'amour de Dieu.

— Je n'ai jamais peur, reprit Martin. Et, pour vous le prouver, mettez-moi demain au premier rang, sans casque et sans bouclier, seul et debout en face des ennemis. Je pénétrerai dans leurs bataillons, au nom du Seigneur, et armé du seul signe de la croix.

— Soit, répondit Constant. Demain, tu exécuteras ta bravade. Tu seras libre ensuite. »

On consigna le téméraire jusqu'au lendemain, avec ordre de le placer sur le champ de bataille, comme il l'avait demandé, en avant du front de bandière.

La bataille, supposée par l'empereur, n'eut pas lieu. L'argent romain avait payé, une fois de plus, la paix des barbares.

Légalement licencié, Martin quitta le régiment, heureux de recouvrer sa liberté. De Worms à Trèves, la distance n'est pas longue. Il courut chez Maximin, le proclama son colonel dans l'armée du Christ où il s'enrôlait pour toujours; et il demeura chez l'archevêque jusqu'au jour où celui-ci l'emmena à Poitiers.

CHAPITRE III

L'HOSPITALITÉ D'HILAIRE

(347-355)

VILLA PATRICIENNE. — MORT DE MAXIMIN ET DE MAIXENT. — HILAIRE, ÉVÊQUE. — L'EXORCISTE MARTIN. — SOUVENIRS D'ATHANASE. — LES MOINES DE LA THÉBAÏDE ET DE LA CAMPAGNE ROMAINE. — L'APPEL DE DIEU EN PANNONIE.

La présence de Martin dans la villa du patricien Hilaire jetait dans ce milieu délicat une note quelque peu détonnante. La naïve simplicité et la brusquerie de l'ancien cavalier tranchaient assez fortement sur les habitudes correctes de la noble demeure. Mais, les maîtres de la maison avaient le cœur trop grand pour s'arrêter à ces détails de forme· Ils voyaient dans leur hôte un vaillant serviteur du Christ, un ami de Dieu confié à leur affection, et ils l'aimaient tel qu'il était.

L'âme de cet aventurier du Danube se montrait, d'ailleurs, si loyale et si vibrante, qu'il était impossible de n'y point faire écho. Le contraste, violent au premier abord, de nature et d'éducation entre le Slave illettré et cette famille de savant, s'atténuait par l'accord de la foi et de la piété. L'harmonie des sentiments, loin d'y perdre, s'y enrichissait plutôt ; et ce n'était pas une intimité vulgaire, qui réunissait ainsi, dans la communauté des espérances religieuses et de la vie quotidienne, le rude soldat d'Amiens et le plus docte des gentilshommes gaulois.

La pensée de Dieu dominait ces êtres faits pour se comprendre. Le Christ siégeait à la place d'honneur à ce foyer d'impeccable pureté où, sous la garde d'une mère éminemment vertueuse, s'épanouissait dans la grâce une fillette charmante. Il y était vraiment Maître et Roi, comme naguère à Béthanie, au temps où Marthe, Lazare et Madeleine enveloppaient Jésus de leurs chaudes tendresses et encadraient de leur propre beauté la radieuse majesté du Seigneur.

Une épreuve vint bientôt attrister cette paix. Peu de temps après son arrivée dans le Poitou, l'archevêque de Trèves mourut à Silly, son village natal, où il était allé se reposer. Ce fut une amère douleur pour

Martin, qui chérissait filialement Maximin.

Ce deuil l'attacha davantage à Hilaire. Rien désormais ne l'attirait dans le diocèse de Trèves, où il se serait trouvé comme orphelin. Les instances de son hôte le décidèrent facilement à prolonger son séjour à Poitiers, et même à y fixer définitivement sa résidence.

Très affligé par la mort de son frère, épuisé par les fatigues de sa vie laborieuse, Maixent portait avec peine le lourd poids de sa vieillesse et des charges épiscopales. Il avait besoin d'un auxiliaire, et, dans sa pensée, il se préparait un successeur. Il fit appel au zèle du plus fervent et du plus dévoué de ses fidèles, et confia à Hilaire une part de l'administration diocésaine.

Le patricien était, par ses études et ses vertus, mûr pour le sacerdoce. Il fut ordonné prêtre.

Dès lors, le vénérable prélat, dont les forces déclinaient rapidement, put appuyer ses derniers efforts sur ce coadjuteur jeune et actif, et regarder, sans inquiétude pour la chrétienté poitevine, la mort qui s'annonçait.

Il s'endormit dans la paix du Seigneur, doucement, saintement, dans le courant de l'année 349.

Le choix de son successeur n'était pas douteux ; et Hilaire fut aussitôt sacré évêque de Poitiers.

La haute fonction dont se trouvait investi l'ami de Martin ne fit que resserrer l'étroite intimité qui unissait les deux grands chrétiens. L'affection que le Slave éprouvait pour Hilaire se doublait d'une intense admiration de son génie et de ses transcendantes qualités. Il le tenait pour un homme absolument supérieur dont, avec sa candeur ordinaire, il tâchait de recueillir les leçons et d'imiter les exemples. Cet humble ne soupçonnait même pas la merveilleuse richesse de sa propre nature ; mais, rien ne lui échappait du mérite et de la valeur d'autrui.

Un des premiers soins du nouvel évêque fut de s'assurer le concours de celui qui, pendant six années, avait été pour Maximin un inappréciable compagnon. Il voulait que Martin reçût le diaconat. Celui-ci s'y refusa. Aucune instance d'Hilaire ne put triompher, sur ce point, de son obstination. Il se jugeait indigne et incapable.

Le vernis littéraire était léger, qu'il avait emporté naguère des écoles de Pavie ; et depuis qu'il courait, au vent et au soleil, les chemins de l'Europe, cette couche superficielle avait dû sûrement s'en aller en poussière. Cet ignorant s'épouvantait à l'idée de remplir une fonction sacrée ; et quoique l'influence du milieu poitevin et le contact de ses hôtes eussent déjà bien modifié la rudesse première du paysan pannonien, Martin se trouvait encore trop rustre et trop illettré pour une pareille dignité.

Il consentit cependant, sur la pressante prière de l'évêque, à accepter la charge minime d'exorciste. C'était pour lui son immatriculation officielle dans les régiments actifs du Christ. Il se sentait honoré et fier de ce rang modeste dans la milice sainte. Poste de combat et d'avant-garde, la mission de l'exorciste lui rappelait, dans un ordre plus pur, ses anciens services d'éclaireur. Comme autrefois aux frontières de l'empire, il avait à opérer maintenant sur les confins du territoire de l'Église, là même où, au lieu

des barbares prêts à envahir les provinces
romaines, il rencontrait la puissance adverse
de Satan. En ces temps de paganisme encore
vivace, les possessions diaboliques étaient
fréquentes, surtout dans les campagnes tout
imprégnées d'idolâtrie. La lutte contre les
démons convenait bien à son tempérament
guerrier; et, dans la guérison des malades
et des fous furieux qu'il délivrait de leurs
maux, il trouvait la pleine et généreuse
expansion de son ardente charité.

En même temps, Martin achevait de se
former à la savante école d'Hilaire.

L'évêque de Poitiers était un professeur
de premier ordre.

Ses multiples études n'avaient point éteint
son imagination. Il était poète, et composait,
dans les entr'actes de ses méditations sur
l'Écriture sainte, des hymnes que la petite
Abra chantait dans ses prières du matin et
du soir.

Dans le tête-à-tête des veillées d'hiver ou
les promenades matinales des jours d'été, il
initiait Martin aux grands aperçus du dogme
catholique, aux splendeurs qui rayonnent,

comme une échappée de lumière divine, à travers le nuage déchiré des éternels mystères.

Il lisait avec lui les pages de cet *Evangile de saint Matthieu*, dont il commençait alors, en un style coloré et lumineux, le commentaire allégorique.

Il lui apprenait à ne fonder sa science que sur l'indiscutable Parole de Dieu, portée à la terre par le Verbe Incarné.

« Sur Dieu lui-même, répétait-il, c'est Dieu qu'il faut croire. Discuter sa parole, c'est nier son existence. Parce qu'il est Dieu, nous ne pouvons douter de son témoignage. Notre raison doit adhérer à ce qu'il nous révèle, et ne pas vouloir le comprendre autrement qu'il ne juge à propos de se faire connaître par nous. »

Il avouait que toutes les recherches studieuses, qui avaient occupé sa jeunesse, n'avaient abouti qu'au néant.

« La faiblesse humaine, disait-il, ne saurait s'élever par ses propres efforts à la science des choses du ciel. C'est de Dieu que vient la lumière. Avoir trouvé Jésus-Christ, c'est une grâce et une faveur de Notre Seigneur. La miséricorde divine est la grande ouvrière qui ourdit notre salut; et notre espérance est un don de la bonté du Père Céleste. »

Ces leçons trouvaient, dans l'esprit du disciple attentif, un sol superbement fertile, où la semence prenait des racines puissantes et allait bientôt donner un rendement de magnifiques récoltes.

À son tour et à son insu, le Slave agissait, aussi lui, sur l'âme de son érudit précepteur.

Sans prétentions et sans soupçonner à quel point il intéressait la curiosité, toujours en éveil, de son ami, Martin racontait ses souvenirs d'adolescence et de jeunesse. Le tour original et imagé de ses récits charmait l'auditeur.

Cette Pannonie lointaine, dont il parlait, s'esquissait, comme en un mirage, à l'attentive pensée du docteur poitevin. Hilaire s'en allait, avec les vivantes descriptions du narrateur, errer dans les panoramas sauvages de la Hongrie, sur ces versants rugueux où cahotaient la Save et la Drave, en ces défilés

de granit et de fer où s'étranglait le cours du
Danube.

Puis, Martin disait ses tournées militaires,
les garnisons successives où avait langui dans
l'ennui des casernes son indisciplinable im-
patience, les bivouacs de la Forêt-Noire, les
campements au bord du Rhin.

Il insistait volontiers sur cette Gaule, deve-
nue désormais sa patrie, dont il avait, pour
la première fois, aimé les horizons dans la
campagne d'Amiens.

Mais, c'est à Trèves que restaient attachés
son cœur et sa mémoire.

Pour lui, l'évêque incomparable, c'était
Maximin, l'énergique défenseur de l'ortho-
doxie et le fidèle ami d'Athanase. Il n'avait
pas des termes assez élogieux pour ce Père
de son âme, dont la mort et le temps ne
pouvaient faire pâlir, en son souvenir recon-
naissant, la chère et majestueuse image.

Le nom d'Athanase lui rappelait une
phase radieuse de son séjour sur les rives de
la Moselle.

Le soldat licencié vivait depuis quatre ans
auprès de Maximin, quand l'archevêque

d'Alexandrie, banni par l'empereur, vint, pour la deuxième fois, abriter son exil dans la métropole des Gaules.

L'illustre proscrit n'avait point voulu habiter la ville.

Aux environs de Trèves était une grotte profonde, et isolée de toute habitation, où, après la persécution de Dioclétien, les chrétiens avaient réuni les reliques des martyrs. Ce fut en cette retraite qu'Athanase fixa sa résidence. Maximin l'y visitait souvent; et le Slave, qui l'accompagnait, se prit d'enthousiasme pour le glorieux pontife d'Orient.

Par lui, il connut, non seulement les tragiques démêlés de l'arianisme et les grandes luttes pour la foi, mais aussi les choses, inédites, de l'organisation monacale en Egypte. Dans leurs fréquents entretiens, Athanase lui dépeignit les anachorètes austères de la Thébaïde, ces hommes, vêtus d'un sac, séparés du monde à jamais, et vivant dans la prière et la pénitence en des cellules de paille et de boue. Il écrivait, sous les yeux ravis de Martin, les pages de ce livre exquis où il révélait à l'admiration des chrétiens la *Vie de saint Antoine*.

Et déjà, à l'instar de l'archevêque d'Alexan-
drie, quelques solitaires avaient, dans les plis
de terrain que dominaient les remparts de la
ville, établi des ermitages et inauguré, sur les
bords de la Moselle, une ébauche de monastère.

Pour lui, Martin, emmené par Maximin,
l'année suivante, dans un voyage à Rome, il
avait retrouvé, aux alentours de la cité
papale, une nouvelle esquisse des institutions
monastiques du Levant. Là encore, le pas-
sage d'Athanase avait marqué sa forte trace
et laissé, dans la campagne du Tibre, comme
une empreinte de son génie, toute une pépi-
nière d'ascètes.

Le dur paysan du Danube n'oubliait rien
des choses qui avaient frappé son imagina-
tion. Il avait emporté le souvenir enchan-
teur des histoires d'Athanase; et dans ce
Poitou hospitalier où l'écoutait Hilaire, il
gardait, en ses rêves mêlés de regrets et de
désirs, les fascinants tableaux du Nil bordé
de roseaux et ombragé de palmiers et de
sycomores, et des immenses sables du désert
brûlé de soleil, où, nuit et jour, dans la pau-
vreté et la solitude, des moines priaient pour
la terre et glorifiaient Dieu.

Depuis huit ans, Martin, en la maison et sous la direction d'Hilaire, continuait de s'instruire dans la science des doctrines divines, quand il reçut de Dieu, pendant son sommeil, l'ordre d'aller en Pannonie. Ses parents vieillissaient : il fallait leur porter la bonne nouvelle de l'Évangile, avant que la dernière heure ne vînt les surprendre.

L'évêque de Poitiers eut quelque peine à consentir à ce voyage. Outre que son affection pour l'exorciste lui rendait très pénible cette séparation, il pressentait l'approche de temps difficiles. Des bruits arrivaient d'Orient, qui attristaient son âme. Les âpres luttes, soulevées par l'arianisme, se réveillaient violemment, menaçantes pour la paix de l'Église. Hilaire, décidé à prendre sa part dans les épreuves de la chrétienté, attendait, prêt au combat, l'heure du devoir et du courage.

En ces circonstances critiques qu'il prévoyait, l'assistance d'un ami tel que Martin lui eût été précieuse.

Mais, le Slave affirmait la volonté expresse de Dieu. Rien ne pouvait empêcher son départ. Seulement, il dut promettre à l'évêque qu'il reviendrait à Poitiers, aussitôt sa mission terminée dans son pays natal.

CHAPITRE IV

AU DELA DES FRONTIÈRES GAULOISES

(355-360)

———

LA TRAVERSÉE DE FRANCE. — DANS LES ALPES. — LA BANLIEUE DE MILAN. — A SABARIE. — MISSION ILLYRIENNE. — L'ERMITAGE DE L'OLONA. EN ROUTE POUR LA LIGURIE. — ISOLA GALLINARIA. — LES RELIQUES D'AGAUNE.

Martin partit de Poitiers dans l'été de l'année 355. Par un clair et frais matin de rosée et de soleil, il dit à Hilaire, non l'adieu définitif et désolant, mais l'au revoir plein d'espérance. Il dut, en s'éloignant, jeter un regard de regret à la colline, où souriait la ville, et où il laissait une si excellente part de ses tendresses.

En route maintenant, l'ancien cavalier de l'empereur se retrouvait lui-même. Il allait chevaucher, pendant des semaines, sur les chemins gaulois, et passer, de l'Ouest à l'Est, la moitié des rivières qui coulent au cœur de la France. A travers cette large contrée qui devenait, chaque jour, de plus en plus, sa patrie d'adoption, il allait, rendu à sa vocation de pèlerin, parcourir, comme on feuillette des pages d'album, ville par ville et bourgade par bourgade, tous les aspects variés de nos provinces centrales, et achever sa naturalisation d'apôtre gaulois dans le panorama de nos plaines et sur le revers de nos montagnes.

Les cités marchandes et les stations militaires, qui l'intéressaient peu, ne l'arrêtèrent qu'en des haltes indispensables et de courte durée. Mais, il se prit à aimer, en nos villages et nos hameaux perdus, ces petits coins rustiques et pauvres, pleins de verdure et d'enfants, où vivaient, sous des toits de chaume, les paysans, nos pères.

Touriste indiscipliné, plus d'une fois il s'écarta de la ligne droite marquée en son itinéraire ; et, laissant les larges voies romaines, il s'enfonçait volontiers, au hasard des sentiers, dans les pittoresques fourrés ou les capricieux ravins de droite et de gauche.

Il traversa successivement les pâles paysages du Berry, les derniers bosselages de la Marche, les vallées où s'acheminent la Creuse et le Cher. Il franchit l'Allier, visita le Bourbonnais et les hauts plateaux boisés du Forez, s'arrêta quelque temps, sur les bords de la Loire, dans les environs de Roanne, et parvint à Lyon, où l'importance de la communauté chrétienne et les souvenirs glorieux des martyrs prolongèrent son séjour.

Dans cette excursion au centre de la Gaule, Martin avait pu constater à quel point les gens de la campagne étaient entêtés dans leur vieux paganisme. Il avait été douloureusement surpris par les vestiges multipliés du culte druidique, rencontrés à chaque pas, dans les dolmens, les menhirs, et les pierres des sources ou des étangs. Sa foi de chrétien s'en indignait. Il avait, chemin faisant, en plus d'une circonstance, rempli son devoir d'exorciste et purifié par sa prière les endroits souillés par les superstitions diaboliques. Il avait, çà et là, prêché aux villageois la vraie parole de salut et inauguré dans des chaumières cet apostolat auquel il voulait consacrer sa vie. Quelque chose, qui lui venait des cieux, semblait tout bas lui dire, dans le secret de son cœur, que Dieu l'appellerait un jour à la grande moisson des âmes gauloises. L'impression tenace de cette traversée de France et la conviction de sa future mission dans notre pays se fixèrent, dès lors, en son esprit, dans une espérance qui ne l'abandonna jamais.

De Lyon, il remonta le Saône et le Doubs jusque dans la région de Dôle, où il voulait prier dans un sanctuaire célèbre, bâti sur le mont Roland. Puis, il descendit par la vallée de l'Ain, franchit le Rhône au bac de Seyssel, pénétra dans la Savoie, passa en vue du lac d'Annecy, atteignit l'Arly et, remontant les bords escarpés de l'Isère, arriva, par Moutiers et Aime, au pied du Petit-Saint-Bernard.

Avec joie, Martin avait de loin aperçu les cimes neigeuses des Alpes. Ces grandioses aspects montagneux avaient pour lui un attrait autrement puissant que les molles ondulations et les soubresauts adoucis de la Bourgogne et de la Franche-Comté. Les robustes plissements du Jura et les fortes échancrures de la Tarentaise avaient séduit son imagination, amie des vigoureux paysages.

Mais, quand il eut touché les soubassements de la barrière alpestre, quand il com-

mença à gravir les premiers gradins qui
mènent aux terrasses supérieures, son enthou-
siasme jaillit en hymnes d'amour au Christ,
magnifiquement roi de la terre et des cieux,
pour qui ce gigantesque et merveilleux relief
de roches et de glaces n'est pas même un
indigne et infime marchepied.

Martin grimpait à pas lents l'escarpement
du défilé de la colonne Joux. En ces sites
sauvages, sa pensée s'était envolée, bien haut,
dans les mystiques rêveries où l'enlevaient
ses élans de foi chrétienne. Absorbé en ses
méditations, perdu dans l'adoration du Créa-
teur dont les œuvres chantent la gloire, il ne
prenait garde ni aux crevasses où un faux
pas l'eût précipité, ni aux trahisons de
l'étroite gorge où pouvait le guetter quelque
embuscade de brigands. Il ignorait même
tant son âme planait haut vers l'au delà, si
son guide l'accompagnait.

Il allait, tranquille, heureux, sachant que
Dieu le conduisait.

Il se disait qu'un jour peut-être la croix
du Rédempteur se dresserait sur ces hauteurs,
et dominerait, du sommet des Alpes, tout
l'horizon de l'Europe chrétienne. « Je veux,

pensait-il, être l'un des pauvres ouvriers conviés par le Maître à ce travail de foi et d'amour. »

Tout à coup, au brusque détour du sentier, une bande de voleurs lui barre le che-

(Ms. bibl. de Tours).

min. Le guide s'est enfui. Martin ne songe même pas à s'échapper. Il s'arrête, incapable de crainte.

On le saisit, on le renverse. Un des brigands lève son bras, armé d'un couteau, pour frapper le prisonnier jeté par terre.

« Arrête! » crie le chef de la bande.

Étonné du sang-froid de Martin qui ne

tremble ni se défend, cet homme ordonne de l'attacher sans le blesser.

Voilà donc le captif, pieds et poings liés, entraîné dans une caverne et livré aux caprices d'une meute d'assassins.

« Qui es-tu ? demande le chef.

— Je suis chrétien, répond Martin.

— As-tu peur ?

— Jamais ! Un chrétien ne peut avoir peur. Dieu est avec moi. Dans le danger, son ange me garde. Mais, toi, malheureux, tremble, et redoute celui qui peut te condamner à l'enfer pour tes crimes. »

Cette crâne réplique déconcerte les bandits, peu accoutumés à un pareil aplomb de la part de leurs victimes. Ils entourent Martin, l'interrogent, veulent savoir son nom, son pays, les motifs de son voyage.

« Qui donc es-tu, toi qui ne crains rien ?

— Je suis un serviteur du Christ. »

Alors, l'impassible exorciste parle à ces misérables de son Maître Jésus. Il montre à ces pécheurs endurcis le très doux Sauveur mourant sur le Calvaire pour expier leurs fautes et racheter leurs âmes. Il étale devant eux, en son langage chaud et coloré, toute la foi, toute l'espérance, tout l'amour dont son âme débordait.

Les brigands se troublent. Ils détachent le prisonnier, implorent son pardon, lui demandent ses prières. Un d'entre eux, s'improvisant son guide, le conduit jusqu'à l'issue du Petit Saint-Bernard. Plus tard, cet homme se convertit et se fit moine. Il racontait volontiers, dans sa vieillesse, à l'honneur de Martin, cette victoire du courage chrétien, que le héros de l'aventure était trop discret pour publier lui-même.

Vers ces parages, neuf années auparavant, Martin avait été le témoin d'une belle partie, gagnée haut la main par l'archevêque de Trèves, en des circonstances également critiques que la légende a curieusement conservées. C'était au cours du voyage à Rome.

A une halte dans la montagne, Martin, allant aux vivres dans les villages quelque peu distants, avait laissé à l'archevêque la garde de l'âne qui portait le modeste bagage. Maximin, fatigué, s'était endormi. Un ours

survint pendant la sieste et emporta la bour-
rique.

Martin, revenant par la forêt voisine,
aperçut l'ours qui s'enfuyait avec la proie.

Il éveille Maximin.

« Qu'avez-vous fait? Vous avez laissé dé-
vorer notre baudet par un ours.

— Ah! la méchante bête! dit l'archevê-
que. Elle va s'attirer une pénible corvée. »

Et, à grands cris. Maximin appelle l'ours
qui accourt aussitôt.

« Tiens, mauvaise bête, prends ce far-
deau, et porte-le toi-même, puisque tu as
dévoré l'âne qui en était chargé. Je te le
commande au nom du Seigneur. »

L'ours obéit, suivit, bagage sur le dos,
les deux voyageurs jusqu'à Rome, les y
attendit, retourna avec eux, docile porte-
faix, jusqu'à l'endroit de la première ren-
contre.

« Va-t-en maintenant, lui dit alors Maxi-
min. Mais, ne fais plus de mal à personne ;
et personne ne t'en fera. »

Le pâtre David disait au roi Saül : « Je
puis, sans épée, sans casque et sans cuirasse,
triompher du géant Goliath, le Philistin

haut de plus de six coudées, tout bardé d'airain, à la massue et à la lance de fer. Car, lorsque, tout enfant, je menais aux pâturages les troupeaux de mon père, il survenait un lion ou un ours qui saisissait un mouton et l'emportait. Mais, je poursuivais la bête fauve, je la frappais avec mon bâton, je l'empoignais à la gorge, et je l'étouffais dans mes bras. »

L'Évangile avait éclairé le monde depuis les exploits du berger bethléémite, apprenant aux hommes, de la part du Christ, que Dieu préfère au sacrifice qui punit la miséricorde qui sauve. Les vrais chrétiens étaient plus forts que David. Ils ne tuaient pas les brigands et les ours : ils les domptaient.

Martin descendit le versant italien des Alpes par la vallée d'Aoste, et gagna la Lombardie. Il passa le Tessin, où, sans doute, quelque miracle a marqué son souvenir au village appelé aujourd'hui San Martino.

A Milan, il demeura un certain temps dans une maison chrétienne, et eut l'occasion de se lier avec plusieurs prêtres et laïques de grande vertu.

Milan.

Il s'éloignait de la ville, quand un voyageur à mine suspecte l'aborda.

« Où vas-tu ? dit l'homme sinistre.

— Je vais là où Dieu m'appelle, répondit Martin, qui croyait avoir affaire à quelque rôdeur de banlieue.

— Va où tu veux, reprit l'autre. Mais, sache bien que, partout où tu iras et quoi que tu entreprennes, je me dresserai devant toi et te combattrai. Car, je suis Satan, ton ennemi mortel.

— Il ne m'importe. Le Seigneur est avec moi. Le diable ne peut rien contre Dieu. »

Le démon disparut, et Martin continua paisiblement sa route.

En Pannonie, il retrouva, presque telle qu'il l'avait laissée plus de vingt ans auparavant, la petite maison de famille, dans sa bourgade natale de Sabarie. Ses parents eurent quelque peine à reconnaître, dans ce pèlerin de quarante ans, le joyeux adolescent, dont leur mémoire avait gardé l'image. Eux-mêmes, fatigués maintenant et attristés par l'âge, parurent à Martin comme des ancêtres de temps éloignés.

Le vieil officier reçut froidement le fils dont il n'avait pas oublié l'enfance indisciplinée et les incorrigibles escapades. Il lui pardonnait difficilement ce qu'il appelait une désertion.

Mieux accueilli par sa mère, femme simple et modeste, l'exorciste de Poitiers réussit à la conquérir à la foi chrétienne. Des amis imitèrent cet exemple et crurent à l'Évangile. Seul, le vétéran des armées impériales s'obstina dans son paganisme et résista à tous les efforts de son fils.

Martin s'inclina devant cette épreuve, cruelle pour sa piété filiale. Il savait que l'heure de Dieu nous est inconnue; mais, plein de confiance en la miséricorde inépuisable du Père éternellement bon et clément, il pria et attendit, dans l'espérance, que la grâce divine fît son œuvre, invisible à nos regards bornés.

Jugeant sa mission terminée à Sabarie, l'ami d'Hilaire reprit le chemin des Gaules.

L'Illyrie, qu'il traversa, était alors fortement travaillée par l'arianisme. Deux évêques de la contrée s'étaient signalés par leur fanatisme et leur haine du magnanime Athanase. Sans se soucier des colères épiscopales, le Slave parcourut le pays en prêchant la pure doctrine catholique. Par ordre des prélats ariens, il fut pris, mis en prison, battu de verges en public, et chassé du territoire illyrien.

Martyr et banni, Martin chanta l'hymne d'actions de grâces, et gagna la haute Italie. Là, il apprit que l'évêque de Poitiers, lui aussi, avait souffert pour la foi. Un arrêt impérial l'avait arraché à l'église du Poitou et exilé en Asie Mineure. Dans ces circonstances, le retour de Martin dans les Gaules ne pressait pas. Il résolut de faire halte dans la Lombardie.

Les chrétiens, dont il avait été l'hôte à Milan, à son passage d'aller, le reçurent avec joie et le décidèrent à rester au milieu d'eux. Mais, le séjour dans les murs de la ville répugnait à ses goûts. Sur les bords de la petite rivière de l'Olona, en un coin de verdure écarté et silencieux, le Slave établit son nid d'ermite.

Comme il n'allait point au monde, le

monde vint à lui. Gaudence, Maurille, plusieurs autres fidèles de l'Église milanaise, se groupèrent autour de l'anachorète. Puis, on prit, de la grande cité, l'habitude du chemin de l'ermitage. Les habitants des faubourgs voisins aimaient à entendre la persuasive parole de Martin et à s'édifier du spectacle de sa pauvreté. Apôtre d'instinct, l'exorciste ne repoussait personne, et semait en toute occasion la bonne semence de l'Évangile.

Ces prédications firent du bruit. La doctrine enseignée par Martin n'était pas conforme aux idées de l'évêque de Milan. Cet Auxent était un farouche arien. L'influence de l'ermite grandissant, l'évêque en prit ombrage. L'audace de ce Pannonien, qui osait prêcher sans même être prêtre, l'indignait. Il crut l'intimider et lui interdit de parler en public.

Martin, naturellement, ne tint aucun compte de cette défense et n'en prêcha que plus haut.

Auxent, furieux, fit envahir par la force le paisible ermitage et expulsa le prédicateur indocile et ses compagnons.

Décidément, le diable tenait ses promes-

ses. A Sabarie, dans l'âme du vétéran impénitent, en Illyrie, à Milan, Satan avait engagé
contre Martin un duel féroce, où ni l'un ni
l'autre des lutteurs ne paraissait disposé à
mettre bas les armes.

Chassé une fois encore, l'infatigable marcheur reprit son bâton et quitta la Lombardie. Un prêtre le suivit.

Tous deux se dirigèrent vers le sud.

Après s'être un instant agenouillé dans
cette église de Pavie où, écolier en rupture
de ban, il s'était naguère si spontanément
offert à Dieu, Martin franchit les montagnes
et descendit vers la Ligurie et les côtes méditerranéennes.

Le contraste est brutal entre les vertes
plaines ondulées de la Lombardie, que venaient d'abandonner les voyageurs, et la
ligne de crêtes sauvages qui domine la ceinture du golfe de Gênes. Une étroite lisière
sépare à peine les hautes falaises et les roches
anguleuses des Alpes méridionales, de la corniche qui longe, à travers fentes, ravins et
torrents à demi desséchés, le bord capricieusement découpé de la mer. Les pâles oliviers

y croissent dans toutes les échancrures, où un peu de terre peut nourrir leurs racines. Des touffes d'épines s'accrochent aux rocailles des pentes. Dans les sinuosités multiples du rivage pénètrent des charmantes miniatures de baies, où s'affalent, sur une grève pierreuse, des bruissements indéfinis de vagues.

En face des rochers d'Albenga, l'îlot désert de Gallinaria (île des Poules) fut l'éden que Martin choisit pour y reprendre ses méditations d'anachorète. Il s'y installa avec son frère d'exil. Des herbes et des racines furent leur nourriture, les serpents et les oiseaux de mer leurs seuls compagnons. Une grotte était leur demeure.

Un jour, Martin faillit mourir empoisonné. Toujours insouciant des choses matérielles, il avait cueilli et mangé, par mégarde, quelques feuilles d'ellébore. Sans se troubler, il eut recours à la prière, et fut guéri.

Les deux ascètes habitaient l'île des Poules depuis près de deux ans, quand ils apprirent par quelque pêcheur de la côte voisine la joyeuse nouvelle du retour d'Hilaire. L'évêque de Poitiers, revenu de l'Asie Mineure, était à Rome. Martin courut à la ville des papes et y arriva peu de jours après que le prélat en était parti pour rentrer en Gaule.

Sans tarder, le Slave fit route vers les Alpes.

Dans le Valais, il s'arrêta au monastère d'Agaune, récemment bâti. Les moines y possédaient les reliques précieuses des martyrs de la Légion thébéenne. Ils ne voulurent point en donner la moindre parcelle à Martin. Mais, le confiant exorciste demanda à Dieu ce que ses frères lui refusaient.

Le lieu où avaient été immolés saint Maurice et ses compagnons était peu éloigné. Martin s'y rendit, s'agenouilla sur le terrain qu'avait arrosé le sang des martyrs, et pria. L'herbe se mouilla aussitôt d'une rosée rouge. Martin remplit plusieurs fioles de ce sang miraculeux, et, riche de ce trésor, il prit, avec son commensal d'Isola Gallinaria, le chemin de Poitiers, où il arriva presque en même temps que son ami Hilaire.

CHAPITRE V

UN ERMITAGE POITEVIN

(360-371)

UN CONFESSEUR DE LA FOI. — MARTIN, PRÊTRE.
— LIGUGÉ. — ÉVANGÉLISATION DES CAMPAGNES.
LES MISSIONS DE L'OUEST. — MIRACLES DE
MARTIN. — MORT D'HILAIRE. — MISSIONNAIRE.

C'est au printemps de l'année 360 que Martin et Hilaire se retrouvèrent dans la capitale du Poitou.

Dans l'exil, l'évêque avait bien vieilli. On n'eût pas facilement reconnu, dans cet homme au front ridé et aux cheveux blanchis, au dos voûté et à la démarche lassée, le brillant gentilhomme qui avait, treize ans auparavant, ouvert sa maison et donné son amitié à l'aventurier pannonien. Mais, dans le corps brisé par les fatigues de la lutte et les amertumes de la persécution, l'âme était restée vaillante et conservait toute sa verdeur. Les âpretés de la Phrygie, en usant ses forces, n'avaient point abattu son énergie. L'acier

dont était faite son âme et l'or qui composait
son cœur n'avaient pu être entamés par les
insolences de la tyrannie impériale et les
honteuses rancunes des prélats ariens, ven-
dus aux princes de la terre.

Il revenait comme un confesseur de la foi,
ardent plus que jamais, grandi par l'épreuve,
et glorifiant Dieu des souffrances qu'il avait
endurées pour la défense de la vérité catho-
lique.

Avec la joie triomphante et la noble satis-
faction du devoir héroïquement accompli, il
put dire à Martin les péripéties diverses et
les phases troublées de ses polémiques vigou-
reuses et de son inique bannissement : ce
concile impie de Béziers où, un an après le
départ du Slave, il avait été condamné, avec
Rhodane de Toulouse, par des évêques pré-
varicateurs; les intrigues et l'infâme apos-
tasie de ce Saturnin que les complaisances
impériales maintenaient sur le siège métro-
politain d'Arles; cet arrêt brutal qui l'avait
enlevé à son église de Poitiers et jeté dans
les montagnes phrygiennes.

Il lut à l'ermite chassé de Milan par l'arien

Auxent les lettres, vibrantes de foi, superbes de courage, que lui, Hilaire, avait adressées à Constant, ce César de mauvaise sacristie, que menaient des courtisanes sectaires et des prêtres simoniaques.

Il lui raconta ses quatre années de relégation au fond de l'Orient, où étaient venus le consoler et le fortifier les protestations fraternelles des évêques gaulois demeurés fidèles à la foi, et tous ces témoignages de chaude sympathie, envoyés de toutes parts au pontife proscrit et lui apportant, au delà des mers, l'écho réconfortant de la patrie lointaine.

Hilaire rapportait des plages levantines un livre magistral, qu'il avait écrit là-bas, sur les sables de l'Asie, et où son génie avait profondément fouillé les mystérieuses beautés du dogme; ce *Traité de la Trinité* où, mouvement, lumière et vie, il avait tout jeté, son âme et sa pensée, son cœur et son amour, dans la filiale et adoratrice méditation des perfections infinies de l'Éternel Créateur et Sauveur.

Il avait, encore toutes fraîches, les pages

de cet opuscule des *Synodes*, qui, à peine
échappées à sa puissante improvisation, cir-
culaient déjà, comme une règle de foi, parmi
les catholiques, et qui, de la noble patricienne
à l'enfant du peuple et des plus simples aux
plus savants, allaient de main en main faire
le tour de la chrétienté.

Combien Martin loua, félicita, encouragea,
embrassa son héroïque ami !...

Le soldat était fier de son général; et, pour
la première fois de sa vie peut-être, l'humble
Pannonien, le pauvre moine qui mangeait des
racines et goûtait à l'ellébore sur des rochers
salés par l'air marin, se prit d'orgueil, et
sentit qu'il y a des heures et des moments
de fortune où, malgré sa misère, l'homme
sait être grand.

Martin retrouvait la villa de ses hôtes à
peu près telle qu'il l'avait connue naguère,
pleine des parfums de la piété et gardée,
comme autrefois, par deux anges gracieux et
fidèles, l'épouse et la fille d'Hilaire. La mère
de famille, elle aussi, avait vieilli. On eût dit,
maintenant, une aïeule mûre pour la mort
qui approchait, et conservant, sous des rides

précoces, la candeur et la pureté d'une jeunesse d'âme. Abra n'était plus une enfant. C'était une grande jeune fille, belle, simple, le sourire et la parure de la maison. Elle avait été, aux jours d'épreuve, une force et une espérance dans ce groupe de saints. Renonçant, après une lettre qui venait de l'exil, à un somptueux mariage où son cœur s'était un instant laissé détourner, elle avait résolu de dévouer désormais sa vie au service de Dieu et de ses parents.

Le retour de Martin à Poitiers était un secours hors pair pour l'évêque. Jamais il n'avait tant eu besoin de cet auxiliaire.

Fatigué par les luttes passées, prêt aux combats futurs, débordé par les nécessités d'un travail qu'avaient augmenté les lacunes de sa longue absence, il associa décidément Martin à l'administration diocésaine. En vain, l'humilité de l'exorciste résista. L'évêque exigea, et il fallut obéir.

Martin fut donc élevé au diaconat, et presque immédiatement à la prêtrise. Hilaire se reposa sur lui des fonctions les plus actives de son ministère, la prédication, les œuvres de charité. Il se réservait lui-même plus particulièrement pour les graves questions qui intéressaient alors si vivement l'Église générale et passionnaient l'Orient et l'Occident. Car, il était un de ces pontifes, à l'esprit large et aux vastes conceptions, qui ne croient pas leur mission tout entière enclose dans les limites d'un diocèse ou d'une province, et qui ne laissent passer aucune occasion d'activer et d'étendre le règne de Dieu dans tout le monde catholique.

Martin, promu au sacerdoce, ne resta pas oisif. Avec sa promptitude habituelle, il organisa, sans délai, son existence nouvelle, telle qu'il la jugeait la meilleure pour le bien à réaliser.

Avant tout, il avait besoin d'air et d'espace. Trop à l'étroit dans la maison épiscopale, mal à l'aise dans les murs de la cité, il chercha une habitation plus conforme à ses goûts dans la campagne voisine.

Le souvenir le charmait encore du paisible ermitage de l'Olona, où était venu le troubler le ressentiment d'Auxent. Dans un coin boisé de la vallée du Clain, il retrouva comme

Ligugé. — Le Monastère actuel.

une image de sa retraite milanaise. C'était un endroit calme, à peu près désert, où les oiseaux des vertes feuillées et les clapotements de la rivière apportaient seuls le mouvement et le bruit. Il s'y construisit une cabane, à huit kilomètres au sud de Poitiers.

Cette résidence s'appela Ligugé.

Son compagnon de l'île des Poules, qui l'avait suivi dans les Gaules, se joignit à lui. Quelques hommes austères et zélés, prêtres ou laïques, vinrent bientôt accroître ce petit groupe d'ermites. Deux d'entre eux se nommaient Martin. Les autres étaient Félix, Macaire et Florent.

Chacun avait une cellule particulière. On vivait dans la pauvreté, l'étude et la prière.

Cette Thébaïde poitevine, que hantaient, dans la mémoire de Martin, les souvenances lointaines du grand Athanase, était tout ensemble le sanctuaire recueilli où, au pied de la croix, des chrétiens d'élite s'acclimataient silencieusement au service du Christ, et le foyer de lumière et de foi d'où devait rayonner à travers le Poitou l'évangélisation des campagnes.

Notre-Seigneur disait à ses Apôtres : « La moisson est abondante, mais peu nombreux sont les moissonneurs. Demandez donc à votre Père des cieux qu'il envoie des moissonneurs faire la moisson. »

Et Martin, pour qui toute parole du Maître était un commandement, ne cessait de demander à Dieu qu'il envoyât des ouvriers pour la grande récolte des âmes.

« Regardez, disait Jésus assis sur la margelle du puits de Jacob. Levez les yeux et voyez. Les campagnes sont déjà blanches pour la moisson. »

Et Martin, qui avait déjà traversé tant de régions gauloises, avait vu que les blés étaient mûrs et les foins bons à être coupés ; et il voulait mettre dans le domaine du Christ des moissonneurs et des faucheurs.

Les yeux fixés sur l'Évangile, dont il savourait amoureusement chaque ligne, il suivait, par la fiévreuse pensée de son cœur, le béni Sauveur à travers les bourgades et les hameaux de la Palestine. Il le contemplait sur les chemins d'Orient, s'en allant, escorté de ses disciples, chercher les brebis égarées d'Israël. Il l'écoutait parlant aux foules, leur enseignant les préceptes divins, consolant les douleurs, réconfortant les âmes, lavant les consciences, bon à tous, doux et indulgent aux petits, aux faibles, aux pécheurs, et apportant aux délaissés du monde, dans l'amour et l'espérance, la voie, la vérité et la vie.

Alors, il s'agenouillait dans sa misérable cabane ; il se prosternait devant la croix de son Maître, et, durant les longues nuits d'automne et d'hiver, implorant la grâce d'en haut, il suppliait Notre Père des cieux de mettre en ses mains débiles le puissant outil de l'apostolat.

Au printemps de l'année qui suivit son retour à Poitiers, Martin avait déjà prêché dans toute la banlieue de la ville. Là où le manque de temps l'empêchait de se rendre lui-même, il envoyait ses compagnons d'ermitage. Comme avait fait Jésus, il dispersait dans les villages les meilleurs de ses disciples.

Sa vie de missionnaire, tant de fois ébauchée, si longtemps préparée, se développait enfin large et féconde. Il parcourut tout le Poitou, passa en Vendée, visita toute la côte de l'Océan et jusqu'aux îles du littoral, Yeu et Ré.

Il cheminait à pied ou monté sur un âne, lentement, s'enfonçant volontiers dans les étroits sentiers qui conduisaient aux chaumières isolées à l'intérieur des bocages ou dans le fond des vallons. Il s'arrêtait dans les champs au milieu des paysans, bénissait sur sa route les petits enfants, dont, à l'exemple du Maître, il aimait l'innocente et naïve simplicité.

La popularité du missionnaire devint bientôt immense. Dans toute la contrée, des rives de la Vienne aux bords de la mer, on ne connut plus que le saint anachorète de Ligugé, on ne parla plus que de l'homme de Dieu qui déjà était pour tous un égal des Apôtres, *par Apostolis*.

Non seulement sa parole convertissait les âmes, mais sa prière opérait des prodiges. On se pressait sur son chemin, on lui présentait les malades. Martin priait, et les malades étaient guéris.

Un jour, après une longue absence, il revenait à Ligugé. La pieuse colonie était en deuil. Un catéchumène, récemment admis et que Martin aimait beaucoup, était mort presque subitement, sans qu'on eût pu lui administrer le baptème. Martin entre dans la cellule où gisait le cadavre. Il fait sortir tout le monde, ferme la porte, se prosterne et implore Dieu. Quelque chose de mystérieux, qui passe en son âme, lui fait comprendre que le miracle est accordé. Alors, il se lève, fixe ses regards sur le corps inanimé couché devant lui, et continue sa prière pendant deux heures. Tout à coup, le mort remue, ouvre les yeux, regarde Martin. Un cri de joie s'échappe de la poitrine du saint prêtre. La porte s'ouvre; on entre, et l'on voit le catéchumène, bien vivant, dans les bras de son sauveur.

Cette résurrection eut dans toute la province un retentissement considérable. Le zèle de l'apôtre s'y accrut avec sa gratitude pour son Maître. Il se sentit fort désormais pour tous les combats. Que pouvait Satan contre celui à qui Dieu donnait la victoire sur la mort?

Il étendit ses missions, vers le nord, jusque dans la Touraine, et, dans la direction du sud, jusqu'aux plaines des bords de la Gironde. La Saintonge, l'Angoumois, le Limousin, le Périgord entendirent sa parole.

Au village de Nieul-lez-Saintes, Martin, ayant soif, demanda de l'eau à un paysan qui refusa. Une pauvre femme en apporta de sa maison pour lui et pour son âne. La colline, où était la chaumière de cette femme, n'avait ni fontaine, ni puits, et il lui fallait aller chercher loin l'eau dont elle avait besoin. Martin s'agenouilla sur le sol aride, et une source jaillit abondante et limpide.

Dans ses tournées apostoliques, le missionnaire avait à guerroyer ferme contre le démon. Partout où il trouvait des traces du culte idolâtre, il les détruisait, et, à la place de l'idole renversée, il laissait un oratoire chrétien. Le vieil ennemi de la route de Milan perdait, chaque jour, du terrain.

Dans sa cabane, l'anachorète, un soir, était agenouillé. Soudain, la pauvre cellule s'illumine. Devant lui, en pleine lumière, apparaît un homme vêtu de pourpre et couronné d'un diadème.

« Martin, je suis le Christ. Je redescends

sur la terre, et c'est à toi que je me révèle, d'abord. »

Les fantômes n'étaient point pour effrayer Martin. Il ne prit pas garde à celui-ci.

« Martin, reprit l'apparition, je te dis que je suis le Christ. Pourquoi ne veux-tu pas me reconnaître?

— Notre-Seigneur, dit Martin, a annoncé de quelle manière il reviendra. Il n'aura ni pourpre, ni diadème. Je le reconnaîtrai aux plaies de ses mains et de ses pieds et à sa croix victorieuse. »

Cette réponse mit en fuite le démon.

Tandis que l'infatigable prédicateur courait ainsi les routes, évangélisant l'ouest de la France, l'évêque de Poitiers avait de nouveau quitté pour un temps son diocèse. Il était allé combattre à Milan même, et démasquer cet Auxent, dont il écrivait : « Séparez-vous d'Auxent, messager de Satan, ennemi du Christ, homme de malheur et de ruine, destructeur de la foi. »

Hilaire avait aussi à réfuter le rigorisme outré du sarde Lucifer de Cagliari, dont l'intransigeance radicale décourageait le repentir, en refusant le pardon à ceux qui, un instant, s'étaient laissé séduire par l'hérésie.

Ce voyage fut le suprême effort du courageux pontife. Il ne s'éloigna plus de sa ville épiscopale.

Ses dernières années effeuillaient autour de lui toutes les affections les plus intimes de sa vie. Sa fille Abra s'était éteinte entre ses bras ; puis, à peu de distance, la mère avait suivi l'enfant. En sa maison solitaire, l'évêque, vieux avant l'âge, attendait avec confiance, dans le deuil de celles qu'il avait aimées, l'heure de la mort qui les lui rendrait dans le ciel.

Il allait disparaître avant la défaite définitive de cet arianisme dont il avait été le vigoureux et intrépide adversaire. Mais, plein de foi dans les promesses du Christ, il ne doutait pas du triomphe de la vérité.

« L'Église, disait-il, a le privilège de s'épanouir dans l'épreuve, de vaincre dans la persécution, et de triompher dans le mépris. On la croit renversée, et elle est debout. »

Il expira dans les bras de Martin, le 13 janvier 368.

Nul n'avait plus de titres que le solitaire de Ligugé à la succession d'Hilaire. Les vœux de tous l'y appelaient. Lui seul fut d'un avis contraire.

Retiré dans son ermitage, il résista à toutes les sollicitations, décidé à se dévouer, comme par le passé, à cette évangélisation de la Gaule que lui avait léguée son illustre ami.

Un jour, il traversait les terres d'un riche propriétaire, nommé Lupicin. En approchant de la maison, il entend des lamentations. Il s'informe. On lui dit qu'on pleure la mort d'un pauvre petit serviteur qui s'est pendu. Martin entre aussitôt dans la salle où on a déposé le cadavre. Il demande que tout le monde s'éloigne, et, penché sur le mort, il prie. Alors, l'enfant ouvre lentement les yeux les arrête sur le missionnaire, et, subitement, lui saisissant la main, se lève debout. Et, tous deux sortirent ensemble et s'en vinrent dans le vestibule où tous les gens du pays attendaient.

Pendant près de trois années encore, Martin continua, sans jamais se lasser, ses actives missions dans tout le territoire limitrophe du Poitou. Le succès éclatant de sa prédication, la réputation extraordinaire que lui valaient ses miracles, ne troublaient ni n'altéraient son humilité. Il rapportait à Dieu l'honneur de toutes choses; et, comme Notre-Dame le chantait en son *Magnificat*, il glorifiait le Seigneur très saint, qui ainsi manifestait sa puissance dans la faiblesse de son serviteur.

CHAPITRE VI

ÉVÊQUE ET MOINE

(371)

UNE ÉLECTION POPULAIRE. — MARMOUTIER. — LES DISCIPLES DE MARTIN. — CULTE DES SAINTS. — PAROISSES RURALES. — LES PAUVRES. — LA MESSE DE L'ÉVÊQUE.

En l'année 371, le siège épiscopal de Tours
devint vacant par la mort de l'évêque Lidoire.
On songea immédiatement à Martin. Mais,
les Tourangeaux furent plus habiles que n'a-
vaient été les Poitevins. Il n'y avait pas à
douter du refus qu'opposerait à toute tenta-
tive de persuasion l'ermite de Ligugé.
On résolut donc d'employer la ruse et la
force.

Un citoyen de Tours, Rusticius, courut à
Ligugé. Il se jeta aux genoux de Martin, le
suppliant de venir vite secourir sa femme
mourante. L'ermite, sans défiance, sort aus-
sitôt et suit Rusticius.

Soudain, des gens, cachés dans les haies,

s'élancent sur Martin. On l'entraîne. Des relais de chevaux avaient été préparés de distance en distance jusqu'à Tours. Ce fut un véritable enlèvement.

Arrivé dans la ville, il se trouva au milieu de l'assemblée du peuple. De toutes parts, on l'acclame : « C'est Martin le plus digne. Heureuse l'église qui aura Martin pour pasteur ! »

Impossible de s'échapper.

Voilà donc le pauvre anachorète, tout poudreux de la route, mal vêtu, mal peigné, amené dans l'église par la foule. A son aspect, les évêques, réunis pour l'élection, protestèrent vivement. Martin leur paraissait trop sale et trop rustre pour la dignité épiscopale. Ce serait une honte pour le haut clergé d'admettre parmi ses membres ce dégoûtant paysan. L'évêque d'Angers, nommé *Défenseur*, se signalait surtout par son opposition, et se refusait absolument à sacrer l'humble moine.

Mais, il arriva que le lecteur d'office, ouvrant le psautier, rencontra ce passage qu'il lut tout haut : « De la bouche des enfants vous avez tiré votre gloire contre votre ennemi et son *défenseur*. »

Tours.

A ces mots, le peuple crie que Dieu a parlé, qu'il a manifesté sa volonté et témoigné pour Martin contre Défenseur. En vain, les évêques opposants s'agitent, se démènent, veulent dissuader la foule d'un pareil choix. L'assemblée tout entière insiste et, à grands cris, réclame son candidat et n'en veut point d'autre. Il fallut bien en passer par la volonté populaire. Craignant une émeute, les prélats cédèrent, et Martin fut élu évêque de Tours. C'était le 4 juillet 371.

Martin avait alors cinquante-quatre ans.

La dignité, dont se trouvait ainsi revêtu l'ermite de Ligugé, ne modifia en rien sa manière de vivre. Il commença à Tours, comme il avait commencé à Poitiers, et se hâta de sortir de la ville.

Une étroite enceinte enfermait alors la petite cité gallo-romaine. Bâtie sur la rive gauche de la Loire, en face d'une ancienne bourgade gauloise ruinée, et au point de jonction de la vallée du Cher, elle était une station de la plupart des grandes routes qui alors sillonnaient les provinces occidentales de la Gaule. Sur l'autre rive, des coteaux bordaient le fleuve, parsemé d'îlots, et dont le cours s'étendait largement dans des campagnes vertes et fertiles.

Évangélisée par saint Gatien, la population de Tours était depuis longtemps chrétienne. Par contre, ainsi que dans le Poitou, les paysans de la Touraine se laissaient difficilement arracher à leurs vieilles superstitions druidiques.

Le nouvel évêque trouvait toute prête une résidence pour lui, dans une chambre attenante à l'unique église de la ville. Mais, il eût étouffé dans la cité, et il ne voulait habiter que la campagne.

Sur la rive droite, et en amont de Tours, dans un fouillis de rocailles et d'épines, que ne traversait aucune sente, l'ancien coureur des rampes styriennes découvrit un coin silencieux, sauvage, écarté, d'accès impossible, qui lui rendait, tout ensemble, et son val de la Pannosa, et son désert de Gallinaria, et quelque chose de son ermitage poitevin. Entre la rive boisée du fleuve et la paroi d'un massif rocheux, invisible aux bateliers de la Loire comme aux voyageurs qui suivaient sur la hauteur la voie romaine d'Orlé-

ÉPISODES DE LA VIE DE SAINT MARTIN

Le pendu ressuscité.
(Ms. 1018, bib. Tours).

Saint Martin consacre à Dieu la fille d'Arborius.
(Ms. 1018, bib. Tours).

ans à Angers, cette petite Thébaïde semblait faite exprès et préparée d'avance aux goûts de Martin. Des cavernes, creusées dans le flanc escarpé de la roche, avaient abrité, aux temps héroïques des persécutions sanglantes, les chrétiens tourangeaux traqués par la police romaine. Le lieu était donc déjà sanctifié, comme cette crypte des environs de Trèves, où Martin avait vu Athanase proscrit écrire la *Vie de saint Antoine*.

Quelques cabanes, semblables à celles de Ligugé, furent vite installées. Les compagnons, qui s'étaient réunis à Martin dans la vallée du Clain, vinrent le retrouver dans sa nouvelle solitude. Plusieurs autres s'y adjoignirent, et bientôt toute une colonie d'anachorètes habita l'oasis de Marmoutier.

Dans ces grottes et ces cellules, on vivait pauvrement, presque autant qu'à Isola Gallinaria. On priait beaucoup, on se façonnait, par la pratique sévère des vertus évangéliques, à l'œuvre par excellence de l'apostolat.

Les plus jeunes parmi ces moines s'occupaient à la transcription des manuscrits. Les autres vaquaient à tous les travaux où les appelait la charité. Quelques-uns soignaient les malades dans les villages voisins, ou catéchisaient les enfants. Les plus instruits furent chargés de la prédication et, comme les disciples qu'autrefois Jésus envoyait devant lui, s'en allaient dans les campagnes environnantes annoncer le règne de Dieu.

La nourriture n'était pas raffinée à Marmoutier. Des légumes, des fruits sauvages cueillis dans les bois, constituaient l'ordinaire menu. Aux jours de fête, les poissons de la Loire apportaient un supplément au maigre régime des solitaires.

Un jour, la pêche avait été lamentable, et les filets, tendus depuis le matin, étaient restés vides. Au coucher du soleil, Martin vint lui-même au bord du fleuve. Il commanda qu'on y jetât une ligne, et l'on ramena aussitôt un superbe saumon.

Le vin n'était d'usage que pour les infirmes et les étrangers.

L'eau de la Pannosa avait suffi à l'alerte jeunesse de Martin : l'eau de la Loire était bonne pour sa maturité.

Il avait apporté de l'Orient des traditions auxquelles il sut rester fidèle. Il voulut que

l'hospitalité fût une des règles fondamen-
tales du monastère. On y accueillait surtout
les pauvres et les voyageurs sans asile. Les
visiteurs riches étaient moins facilement
admis. Le préfet des Gaules, Vincent, se vit,
malgré ses instances, refuser l'honneur qu'il
sollicitait de partager le sobre repas des
religieux.

L'argent n'entrait pas, non plus, aisément
dans l'austère ermitage. Le Christ l'a mau-
dit ; et, à Marmoutier, on se souvenait qu'il
est impossible de servir à la fois Dieu et
Mammon. Un homme puissant, Lycontius,
dont Martin avait purifié la maison infestée
d'une maladie contagieuse, voulut lui faire
accepter une offrande de cent livres d'ar-
gent. Une petite aumône eût été reçue. Le
riche présent fut repoussé comme une ten-
tation de Satan ; et Lycontius dut, séance
tenante, le distribuer aux pauvres.

A une petite distance de Tours était l'an-
cien cimetière des chrétiens. L'apôtre de la
Touraine, saint Gatien, y avait été enseveli.
Martin voulut, dès le début, placer son épis-
copat sous le patronage de son illustre pré-

décesseur. On se rendit processionnellement au tombeau de saint Gatien. L'évêque se prosterna sur la pierre, lut une page de l'Évangile, et dit tout haut : « Homme de Dieu, bénis-moi ! » Une voix surnaturelle répondit : « Bénis-moi, toi aussi, serviteur du Christ ! » Au contraire des prélats mondains de la fameuse séance d'élection, le premier apôtre de Tours agréait ce successeur. On transporta alors le corps du saint, solennellement, dans l'église, où Martin avait déjà déposé l'un des précieux flacons qu'il avait naguère, à Agaune, remplis de la rosée rouge du champ des martyrs thébéens.

En honorant les véritables saints, l'évêque de Tours se gardait de tolérer la moindre dévotion superstitieuse. Près de Marmoutier, un pèlerinage attirait le peuple au sépulcre d'un prétendu martyr. Martin avait des doutes sur l'authenticité du saint. Il se rendit au tombeau, et, sans s'y agenouiller, pria le Seigneur de lui révéler la vérité. Un spectre couvert de sang se dressa alors devant lui, confessant que dans cette tombe n'était enterré qu'un cadavre de brigand. Sur l'ordre de Martin, l'autel érigé en ce lieu fut aussitôt détruit, et le pèlerinage aboli.

Le principal souci de l'apostolique Martin était la conversion des paysans. En dehors de l'église bâtie à Tours par Lidoire, il n'existait guère, dans tout le diocèse, que le petit oratoire de Marmoutier.

Il ne suffisait pas, pour christianiser la Touraine, de la parcourir hâtivement en y semant, au hasard de la route, le bon grain de l'Evangile. La semence, pour y germer, avait besoin d'être arrosée et soignée. Il était donc nécessaire de créer en diverses localités, choisies à propos, des sortes de paroisses rurales et de donner aux parcelles éparses du troupeau de Jésus Christ des pasteurs pour les garder.

Plusieurs des anachorètes étaient prêtres. Martin désigna l'un d'eux, Marcel, et l'envoya s'établir dans une grosse bourgade, située en amont de Marmoutier, à moins de trente kilomètres de Tours. C'était à dessein qu'il s'attaquait, d'abord, à cette forteresse bâtie par César, et qui, poste militaire important, était en même temps un refuge du paganisme.

Amboise était, d'ailleurs, excellemment placé pour devenir un centre de fructueuse propagande. Située sur la rive gauche de la Loire, la bourgade commandait, à la fois, et le fleuve, et la vallée de l'Amasse. De là, on rayonnerait aisément du côté des plaines de la Sologne.

Marcel arriva à Amboise avec quelques religieux. Il se heurta, tout d'abord, à un puissant obstacle. C'était une tour épaisse et solidement construite en énormes pierres. On la tenait, dans le pays, pour sacrée, et les Amboisiens lui rendaient un culte superstitieux. Marcel essaya en vain de la faire démolir. Point d'ouvriers pour cette destruction. Le fanatisme des uns, la terreur des autres, éloignaient les bonnes volontés et paralysaient les bras.

Marcel appela l'évêque à son aide. Celui-ci ne fut pas long à répondre. Il arriva lui-même. Sans rien dire, il se met en prière; toute la nuit, il implore le secours de Dieu. Dès l'aube, un orage épouvantable éclate. Une tempête, qui soulève les eaux de la Loire, souffle avec fureur, et si bien que la tour, ébranlée et battue par le vent, craque,

cède à l'ouragan, et s'écroule tout entière.
Sur le terrain déblayé, on installa un ora-
toire qui devint bientôt une paroisse consi-
dérable.

En arrière d'Amboise, vers le sud, et
dans la direction de la route de Bourges, le
Cher baigne le pied d'un pittoresque coteau,
que dominait alors une forteresse romaine.
Là aussi, l'idolâtrie semblait particulière-
ment vivace. Martin y bâtit, à une très
petite distance, une nouvelle succursale,
au village de Chisseaux.

Après avoir ainsi pourvu au pays d'amont,
l'évêque s'occupa des régions de l'aval. Sur
le fleuve même et au bord de la route de
Saumur, il fonda la paroisse de Langeais,
à une distance de Tours égale à celle qui
sépare cette ville de la bourgade d'Amboise.
Sise sur la rive droite, à l'entrée du vallon
de la Roumer, cette localité devait donner
aux missionnaires accès dans toute une partie
de la province restée jusque-là en dehors du
christianisme.

La forte organisation de la communauté
religieuse de Candes, au pied des coteaux

escarpés qui marquent le confluent de la
Vienne et de la Loire, compléta la prise de
possession du territoire diocésain.

Au milieu de tous ces travaux, Martin ne
perdait pas de vue le devoir capital du soin
des pauvres. C'était même, dans son minis-
tère, la part exquise, celle qu'il aimait da-
vantage. Il savait que l'évêque est, avant tout,
le père de ceux qui souffrent, et c'était aux
malheureux que sa sollicitude allait le plus
vite et d'elle-même. Une seule sobriété était
exclue de Marmoutier, la sobriété de l'au-
mône. On donnait autant qu'on pouvait ; et
quand le dénuement des solitaires laissait à
vide les ressources qu'ils réservaient aux in-
digents, on recourait à l'évêque, dont la
prière valait, pour les bonnes œuvres, mieux
qu'une mine d'or.

Par une froide matinée d'hiver, Martin,
selon son habitude, se rendait à l'église.
Quelques religieux l'accompagnaient. Chemin
faisant, il aperçoit un mendiant à peine vêtu
de misérables haillons.

« Vite, dit-il à l'un de ses clercs, donnez
à ce malheureux de quoi se couvrir. »

Candes. — Confluent de la Vienne et de la Loire.

Le clerc, moins charitable que son chef.
ne tint point compte de cet ordre, et laissa
l'évêque entrer dans l'église et le pauvre
grelotter dehors.

Martin s'était retiré dans la sacristie pour
se préparer à la célébration de la messe. Il y
était seul. Tout à coup, il voit **entrer** le men-
diant, furieux, qui **se plaint** de n'avoir pas
reçu le **vêtement** promis. Il accueille le
pauvre homme, le console doucement; et
enlevant prestement la tunique qu'il portait
sous son long manteau, il la donne au men-
diant.

Celui-ci venait de sortir, quand arrive à
son tour le clerc.

« L'église est pleine de monde, dit-il, et
l'on vous attend pour l'office.

— Il faut d'abord, répond Martin, donner
un vêtement au pauvre. Je ne puis pas aller
dans l'église auparavant.

— Mais, le pauvre est parti.

— Ça ne fait rien. Donnez quand même le
vêtement. Il y aura toujours un pauvre pour
le mettre. »

Ennuyé de tous ces délais et obligé d'obéir
le clerc sort, court à la boutique d'un fri-

pier, achète un vieil habit aux trois quarts usé, et revient.

« Tenez, dit-il en le jetant violemment par terre, voici un habit ; mais, je vous dis qu'il n'y a plus de pauvre. »

Martin ne se fâche point, ramasse l'habit ; et, dès que le clerc est sorti, il se hâte de revêtir cette loque d'occasion, la couvre des ornements sacerdotaux, et, gravement, pénètre dans le sanctuaire.

Mais à peine a-t-il monté les degrés de l'autel qu'un cercle de feu apparaît soudain, entourant sa tête d'une auréole aux rayons éclatants.

Le cavalier d'Amiens, dépouillé d'une moitié de son manteau, avait naguère, dans l'isolement de la nuit, reconnu Jésus sous le lambeau d'étoffe donné à l'indigent. Pontife maintenant, le Slave, de plus en plus fidèle à ses traditions d'amour, avait échangé, contre sa robe de prêtre, cet habit de miséreux que le Christ ne dédaignait pas ; et voilà que du haut des cieux, et devant tous, descendait sur sa tête la radieuse parure de gloire qui brille au front des saints.

CHAPITRE VII

ENTRE LOIRE ET MOSELLE

(372-376)

VENDÔME ET CHARTRES. — CHEZ L'EMPEREUR. —
LA PORTE DE PARIS. — SOLDATS DU CHRIST. —
LES PARABOLES. — LA MISSION GAULOISE.

L'évêque de Tours avait à peine ébauché
l'organisation de son diocèse qu'il fut obligé
de s'en éloigner pour quelque temps. Une
question des plus importantes, dont la solu-
tion dépendait de la volonté impériale, l'ap-
pelait à la cour. Le chef de l'empire était
alors Valentinien. Depuis quatre ans, il avait
fixé sa résidence à Trèves.

Malgré la saison froide qui était proche,
Martin n'hésita pas à entreprendre ce voyage.
Il choisit l'itinéraire le plus direct qui passe
par Chartres, Paris et Reims. Il emmenait
avec lui quelques-uns de ses disciples.

En sortant de la Touraine, il prit, par la
vallée du Loir, la direction de Vendôme. La

nouvelle de sa visite l'avait précédé dans cette région encore païenne. Il ne passait guère, d'ailleurs, dans les plus modestes villages, sans y laisser quelque trace de son inépuisable charité, soit en guérissant les malades, soit en convertissant les cœurs, le plus souvent en y prodiguant à la fois l'aumône du corps et l'aumône de l'âme.

A chaque localité qu'il traversait, sa popularité, toujours croissante, attroupait autour de lui les habitants de la campagne que charmaient sa douceur et sa bonté. Le long des haies, au bord des champs, sur les talus, aux angles des sentiers, paysans et paysannes l'attendaient, quêtant une parole ou un regard et, comme les femmes d'Israël sur les pas de Jésus, sollicitant pour leurs enfants la bénédiction et la prière qui sauvent.

Un peu avant d'atteindre Vendôme, la foule, grossie des gens qui suivaient Martin et de ceux qui venaient au-devant de lui, prit des proportions considérables. En face de cette multitude idolâtre, errante comme des brebis sans pasteur, l'apôtre sentit que Dieu l'inspirait et que des grandes choses allaient se passer.

Debout sur un tertre qu'ombrage un orme, il prêche à la foule. A ces laborieux de la terre, dont l'existence n'était que privation et misère quotidiennes, il parle du salut et des espérances radieuses d'une vie meilleure. Le peuple écoutait ravi. La voix émue du missionnaire semblait un écho du ciel. L'Esprit de Dieu, par son cœur et ses lèvres, répandait la grâce sur cette assemblée de pauvres et de travailleurs.

A peine Martin a-t-il cessé de parler qu'une femme se jette à ses pieds, sanglotant et lui présentant le cadavre d'un petit garçon : « Vous êtes l'ami de Dieu, lui dit-elle ; de grâce, rendez-moi mon unique enfant. »

De toutes parts, on criait : « Oui, rendez à cette mère son enfant mort. Ayez pitié d'elle ! »

Martin, à quelque chose de mystérieux qui l'agite, devine que le Seigneur accorde le miracle demandé. Il se prosterne, prend dans ses bras le corps de l'enfant, et implore Dieu. Silencieuse et haletante, la foule contemple cette prière fervente. Dans les mains du saint, le cadavre remue, se soulève ; et

Martin remet à la mère folle de joie l'enfant ressuscité.

Ce fut dans le peuple un enthousiasme délirant. On acclame Martin, on le porte en triomphe jusque dans la bourgade. Tous voulaient être chrétiens et demandaient le baptême.

Martin accepta toutes ces brebis nouvelles, continua de les instruire ; et ne les quitta, au bout de plusieurs semaines, qu'après leur avoir bâti un rustique oratoire à l'endroit même de sa fructueuse prédication.

De Vendôme au pays chartrain, l'évêque de Tours évangélisa une partie de la Beauce. A Chartres, il reçut l'hospitalité de l'évêque Valentin, en même temps que l'archevêque de Rouen, Victrice. Les deux prélats le comblèrent d'honneurs et le retinrent plusieurs jours avec eux.

Ce fut pour Martin l'occasion d'un miracle de plus. On lui amena une jeune fille, muette de naissance. Il fit sortir tous les gens qui accompagnaient l'enfant, ne gardant que le père de la muette et les deux évêques. Puis, après avoir prié à genoux, il prit un peu d'huile, la bénit et en mit quelques gouttes sur la langue de la jeune fille, qui parla aussitôt.

Martin traversa assez rapidement le territoire parisien, la Champagne et l'Argonne, et arriva à Trèves vers le milieu de l'hiver. Il fit demander à l'empereur une audience particulière.

Personnellement le prince, qui professait la foi catholique, était plutôt favorablement disposé pour l'Église, et il eût volontiers accueilli la visite de l'évêque de Tours. Au contraire, l'impératrice Justine était une ardente protectrice de l'arianisme; et l'ascendant que cette femme astucieuse et méchante exerçait sur l'empereur avaient plus d'une fois détourné Valentinien de la vérité et de la justice.

La réputation de Martin était grande dans toute la Gaule et au-delà des Alpes et du Rhin. On le tenait à la cour pour l'un des plus vaillants défenseurs de l'orthodoxie catholique. Dans l'entourage immédiat du chef de l'État, plus d'un, parmi les dignitaires influents, étaient secrètement hostiles à cet ami fidèle du magnanime Hilaire. L'impératrice surtout ne put tolérer que Martin fût admis à un tête à tête avec l'empereur. Elle obtint de Valentinien que l'on fermât les portes du palais devant l'évêque de Tours.

Le moine de Marmoutier ne se troubla point. Il se couvrit d'un rude cilice, jeûna, passa ses jours et ses nuits en prières. Au bout d'une semaine, son Ange gardien lui annonça que le moment était venu d'aller voir l'empereur. Martin remercia le Seigneur, et, hardiment, se présenta au seuil du palais. Il passa devant les gardes, sans que nul songeât à lui barrer le chemin. Tranquillement, Martin parcourut les vestibules et les couloirs, avec l'aisance et le sans-façon d'un habitué de la maison. De salle en salle, il pénétra jusque dans l'appartement de Valentinien.

Le prince était seul, se chauffant près du foyer. A la vue de l'intrus qui se risquait ainsi dans sa chambre, il s'emporta rageusement et appela ses gardes. L'audacieux lancier, qui si crânement naguère interpellait Constant, n'était point mort sous la robe d'anachorète qu'il portait maintenant. Mar-

tin, sans s'émouvoir de la fureur de Valenti-
nien, s'arrêta à quelques pas de lui, debout,
et le regardant en face. Devant le vénérable
pontife, l'empereur ne se leva pas. Dans
un mouvement de colère, il poussa son
siège trop près du foyer. Le siège prit feu ;
et peu s'en fallut que les vêtements de Va-
lentinien ne s'enflammassent, et que toute la
chambre ne fût incendiée.

Rarement la peur est bonne conseillère.
Elle le fut cette fois. Valentinien vit dans
cet incident un signe manifeste de la bonté
divine. Tout bouleversé, il se jeta dans les
bras du prêtre qu'il venait d'outrager, lui
demandant pardon, et l'assurant que sa re-
quête était accordée d'avance.

La brusque volte-face de l'empereur était,
à ses yeux, une insuffisante réparation de
l'injure dont il s'était rendu coupable à
l'égard du serviteur de Dieu. Une satisfaction
complète et officielle lui semblait nécessaire.
Il exigea que l'évêque de Tours logeât au
palais, partageât, au moins quelquefois, sa
table. Il l'appela à ses conseils, recueillit ses
avis, et, devant tous, le mit à l'honneur et
au triomphe. L'humble moine se déroba de

son mieux à cet étalage d'estime qui répugnait tant à sa modestie. Toutefois, en habile homme qu'il était, il profita des heureuses dispositions du prince pour lui faire entendre, à l'occasion, quelques vérités sévères.

Valentinien présenta à Martin son fils Gratien, un enfant d'une douzaine d'années, qu'élevait à la cour un fameux rhéteur de Bordeaux, le poëte Ausone. L'évêque bénit cet héritier présomptif du trône, qui, cependant, ne devait point régner.

En vain, on tenta de retenir le missionnaire à la cour. En vain, l'empereur ouvrit pour lui ses trésors. Martin refusa les présents, et abandonna ce séjour du luxe et de la vanité humain .

Des sollicitudes plus urgentes le pressaient de reprendre son bâton et ses labeurs de pèlerin de l'Évangile. Sa place était, non au palais des souverains, mais dans les pauvres demeures de ceux qui gagnaient leur pain à la sueur de leur front.

La voie romaine, qui conduit de Trèves à Paris, fut un sillon profond le long duquel l'apôtre n'oublia point de semer le grain de

la parole divine. Carignan et Reims lui furent des haltes, d'où il rayonna d'un côté vers la vallée supérieure de l'Aisne, et, de l'autre côté, jusqu'aux bords de la Meuse, de la Marne et de l'Aube.

Après avoir, de la Champagne, gagné les rives de l'Oise, il se dirigea vers Paris.

La vieille Lutèce était alors limitée aux deux îles de la Seine. Elle se reliait aux marais de la rive droite par un pont que commandait la porte du Nord, située à la place où se trouve aujourd'hui la tour de l'Horloge.

Les Parisiens étaient allés à la rencontre de Martin, dont l'approche avait été signalée par les paysans de la banlieue. Une foule curieuse couvrait les berges du fleuve, attendant le passage du célèbre thaumaturge et espérant être témoin de quelque prodige.

L'apôtre avançait lentement, se frayant avec peine une voie à travers le peuple qui se pressait autour de lui, voulant le voir, l'entendre, le toucher.

Il arriva au bord de la Seine et franchit le pont. Près de la porte, un lépreux s'efforçait de se faire une place dans la cohue.

Repoussé par la foule et rejeté avec horreur au coin de la muraille, il regardait sans pouvoir approcher.

Martin l'aperçoit. Aussitôt, l'homme de Dieu, écartant les gens qui l'entourent, va droit au lépreux et embrasse ce frère infirme du Christ. Les lèvres du saint ont à peine touché le visage hideux du malheureux qu'instantanément la lèpre disparaît.

Un pareil don de bienvenue était un triomphe pour l'apostolat de Martin. Tout Paris fut à lui. Il demeura dans la ville le temps nécessaire pour y consolider l'œuvre de la foi. Mais, tel était l'enthousiasme populaire que, voulant se soustraire aux bruyantes et quotidiennes ovations d'un public fiévreux, l'évêque de Tours hâta son départ et s'éloigna incognito.

Il s'arrêta à Vendôme. Le groupe important de catéchumènes, qu'il y avait laissé, avait prospéré. Martin donna le baptême à tous ces braves gens, promit de leur envoyer prochainement un pasteur, et regagna Marmoutier, dans l'été de l'année 373.

Sans se reposer de ses fatigues, il choisit

un de ses religieux et le préposa au plus tôt à la garde de la chrétienté naissante de Vendôme.

La route, qui menait de cette bourgade à Amboise, passait par le village de Sonnay, à proximité d'une forêt, au confluent de la Brenne et du Gault. C'était un paysage frais, verdoyant, dans une alternance de prairies, de bois et de vallons. L'évêque de Tours, voulant relier plus étroitement l'église de Vendôme aux paroisses de la Loire, fonda, en cet endroit, une chapelle qui devait être comme une étape et un trait d'union entre les points extrêmes.

La colonie de Marmoutier s'était augmentée. De Milan, des nouveaux aspirants à la vie religieuse étaient arrivés : c'étaient les anciens compagnons de Martin au val de l'Olona. Démétrius, l'ordonnance du cavalier de la garde impériale, était, lui aussi, un hôte de l'ermitage. Il avait amené avec lui plusieurs de ses camarades du régiment.

Des nobles Tourangeaux conduisaient leurs enfants à l'école des moines. On y trouvait des fils de patriciens mêlés aux villageois et aux ouvriers. Des hommes, d'âge déjà mûr, et que l'épreuve avait plus ou moins brisés, venaient chercher dans cette solitude la **paix de l'âme et l'oubli du passé**.

Il y avait un peu de tout dans cette gerbe faite d'épis si divers : des laïques et des prêtres, des célibataires et des hommes mariés. Les femmes étant rigoureusement exclues de Marmoutier, les gens qui ne renonçaient point au mariage devaient habiter en dehors du domaine monastique.

Un vétéran des légions romaines aurait voulu garder son épouse avec lui sur le territoire des anachorètes. Martin, sans le réprimander durement, lui demanda seulement :

« Quand tu allais naguère au combat, avais-tu ta femme à tes côtés ? Non, n'est-ce pas ? Elle aurait paralysé ton courage. Eh bien ! sais-tu que Marmoutier est un vrai champ de bataille. Il faut y vaincre, et il y est besoin d'une vaillance que gêneraient les femmes. »

Au reste, c'étaient des soldats qu'il voulait avant tout dans ces hommes, moitié moines, moitié pèlerins. Il les formait à la virile dis-

cipline des camps, aussi bien que si, demeu-
ré cavalier de la garde impériale, il avait eu
à façonner au maniement des armes les esca-
drons de l'empereur. Cette armée de mis-
sionnaires devait être capable d'affronter les
plus âpres difficultés. Lui-même, dédaigneux
de toute mollesse et cuirassé contre les ten-
tations du bien-être et du confort, il donnait
l'exemple et payait largement de sa per-
sonne.

En avant pour Dieu! En avant, dans les
robustes mêlées contre Satan! En avant, à
l'assaut des forteresses où l'infernal ennemi
défendait, dans un dernier effort, les su-
prêmes réserves du paganisme aux abois! Il
prétendait mener à la brèche et sur les rem-
parts ces éclaireurs de l'avenir, dont le dra-
peau était la croix, dont le mot d'ordre était
la foi, et dont le chef était le Christ.

Vers cette époque, une nouvelle de deuil
vint attrister l'évêque de Tours. L'illustre
Athanase, le valeureux patriarche d'Alexan-
drie, après une épopée de luttes et d'exils,
était mort au milieu de ses fidèles, âgé de
près de quatre-vingts ans.

Martin continuait ses missions dans la Touraine. Non content de la parcourir en tous sens, il espaçait çà et là, comme des jalons qui marquaient le chemin, des chapelles et des presbytères. Il asseyait ces fondations sur une roche solide, où nulle tempête ne pouvait les ébranler.

Il établissait ces avant-postes de la foi chrétienne, de préférence, dans les pauvres bourgades, dans les centres rustiques que n'avait pas gâtés la corruption de la vie citadine, et plutôt à l'embranchement des routes, au débouché des vallées, au confluent des rivières, là où il pensait avec raison que la propagande serait plus facile et rayonnerait mieux au large.

Au milieu de ses disciples, Martin était non un maître, mais un père plein de mansuétude et d'indulgence. Il les formait à la vertu par ses exemples et par ses leçons. Comme le Christ, le radieux modèle qui brillait constamment à sa pensée, il causait familièrement avec ceux qu'il regardait comme les enfants de son cœur. Avec le tour imagé de sa phrase orientale, il trouvait, au hasard des circonstances, des comparaisons charmantes et des similitudes. Ses promenades dans la campagne, qu'il affectionnait d'instinct, étaient les ordinaires pourvoyeuses de ces instructives paraboles. Il les glanait au coin des champs, comme on cueille aux bois des fruits sauvages.

« Voyez, disait-il, ces brebis nouvellement tondues. Elles ont accompli le précepte de la charité, et, de deux vêtements qu'elles avaient, donné le plus chaud au prochain. »

Il montrait les porchers, à peine couverts de haillons, et gardant leurs troupeaux à l'entour des métairies :

« C'est la faute originelle. Adam a perdu le vêtement d'innocence. Il erre maintenant, nu et misérable, en compagnie des bêtes immondes. »

Tout, dans la nature, lui plaisait et l'inspirait. Il aimait les fleurs, dont le parfum, ainsi que les suavités de nos cœurs, monte vers le Seigneur. Il aimait les oiseaux, qui chantent, sous la feuillée des taillis, l'hymne du matin et du soir, et dont les nids innocents s'abritent, confiants et sans défense, au creux des haies, sous la garde de notre Père des cieux.

Ces œuvres qui se multipliaient d'une façon merveilleuse, cette prodigieuse activité qui eût usé les plus solides tempéraments, cette popularité accrue tous les jours par des miracles et l'éclat de vertus admirables, faisaient de l'humble évêque de Tours le pontife le plus influent et le plus vénéré de toute la Gaule. Et comme cette puissance était tout entière mise au service de Dieu et des pauvres, le Christianisme prenait, sous l'impulsion de cet homme extraordinaire, un développement dont les progrès rapides et durables ont étonné les investigations de la critique historique.

Mais, outre que Martin agissait dans l'Esprit de Dieu, il avait, dans sa nature, toute d'énergie primesautière et d'infatigable vitalité, les qualités supérieures qui font les conquérants et les apôtres. Ses voyages militaires et ses pérégrinations d'aventurier et de moine lui avaient appris à s'orienter sur ces innombrables et larges voies que les ingénieurs romains avaient tracées et entre-croisées d'un bout à l'autre de l'Empire. Avec l'aptitude native de la race slave pour la pratique des langues, il s'était, en ses courses du Danube à la Moselle et de la Somme à la Garonne, habitué à tous les patois des provinces qu'il avait successivement visitées.

Il était prêt à cet apostolat gaulois, entrevu par lui, vingt ans auparavant, dans sa traversée de Poitiers aux Alpes. Il l'avait déjà fortement ébauché dans ses missions de Ligugé et dans sa récente excursion à Trèves; il allait maintenant en poursuivre le colossal achèvement dans les régions centrales de la terre française.

CHAPITRE VIII

DE LA BOURGOGNE AUX PYRÉNÉES

(377-386)

BERRY ET NIVERNAIS. — AU PAYS D'AUTUN. — MISSIONS BOURGUIGNONNES. — TOURNÉES PASTORALES. — ÉPISODE D'AVICIEN. — MARTIN MÉDECIN. — CONCILE DE SARAGOSSE. — DIOCÈSE D'ANGERS. — CONCILE DE BORDEAUX.

Quatre ans après son retour de Trèves,
Martin dit au revoir à sa chère retraite de
Marmoutier, appela à sa suite quelques-uns
de ses disciples, et prit la voie romaine qui
remontait la vallée du Cher.

Le but de son voyage était la Bourgogne.
Cependant, il se promettait bien d'exercer son
office de missionnaire tout le long de la
route.

Selon son habitude, il avait un âne pour
monture. N'est-ce pas ainsi que la sainte
Famille avait fui en Égypte, et que Notre-
Seigneur était entré triomphalement dans
Jérusalem ? Cette lente allure avait, d'ail-
leurs, l'avantage de faciliter ses prédica-

tions, en prolongeant la durée de son passage dans les localités situées sur son parcours. Il ne se hâtait point, aimant à s'écarter du chemin direct, à pénétrer, par des sentiers de traverse, au fond même des hameaux les plus retirés dans les terres.

Il s'arrêtait surtout dans les endroits où des monuments païens, dolmens ou idoles, entretenaient la superstition des paysans. Il avait accepté dans la banlieue de Milan le défi du diable ; et il avait bien l'intention, foi de Slave et d'ermite, de mener jusqu'au bout la rude guerre commencée depuis vingt-deux ans.

Il s'agenouilla dans son petit oratoire rural de Chissay, offrit à Notre-Seigneur sa vie et sa mort, et s'élança, plein d'espérance, sur la route de Bourges.

Le Berry est, avec la Touraine et le Poitou, la vraie patrie française du grand saint Martin. De la Sologne à la Brenne, et des rives de la Creuse aux bords de l'Allier, l'apôtre de la Gaule a touché de son pas, que rien ne lassait, tous les chemins de l'horizon de Bourges, et béni toutes les prairies des

plaines berrichonnes. Il a, à maintes repri-
ses, fait le tour de ses campagnes, les a
fouillées dans les derniers recoins. Cette
fois, il les traversa dans toute leur largeur,
avant de s'engager dans le Nivernais.

A Nevers et dans les environs, il organisa
une forte colonie chrétienne. Dans le reste
de la région, il s'attaqua hardiment au culte
impur des démons, ici détruisant un temple
païen, là brisant une idole de Diane, ailleurs
renversant une pierre druidique, plus loin,
par sa seule prière, faisant s'écrouler une
colonne.

De Nevers, il remonte les bords de la
Loire jusqu'à Decize, où la route, tournant
à l'est, le conduisit sur les rampes graniti-
ques du Morvan.

Il se trouvait, dès lors, en plein paga-
nisme. Dans ce fouillis cahoteux de roches
et de forêts, le vieux culte gaulois régnait
sans conteste. Durs comme leur sol, les
gens de la campagne s'obstinaient dans les
pratiques que leur avaient léguées leurs an-
cêtres. A chaque pli du terrain, au coin des
bois, dans les ravins, près des sources et des

fontaines, partout, au creux des vallées comme sur les hauteurs, l'idolâtrie et le fétichisme le plus grossier avaient des sanctuaires.

Ce fut pour Martin l'occasion quotidienne de combats contre Satan, où plusieurs fois il risqua sa vie. Que lui importaient, à ce preux, les dangers d'ici-bas? Que pouvaient sur son indomptable courage les haines aveugles que soulevait, avec la poussière des chemins, le zèle audacieux de sa foi? Vétéran de l'armée du Christ, depuis tant d'années qu'il guerroyait pour Dieu, l'intrépide soldat avait, contre toute terreur, cuirassé son âme; et le diable avait à jamais perdu la partie.

Martin se dirigeait vers Autun, la vraie capitale du druidisme, et n'était plus qu'à quelques lieues de la ville. Un mamelon, le mont Beuvray, était, en cet endroit, le rendez-vous de toutes les superstitions du pays. Sur le flanc de la montagne gisaient pêle-mêle les ruines d'une vieille cité gauloise détruite. Une idole fameuse, dressée au milieu de ces décombres, y attirait des pèlerins de toutes les parties de l'Autunois et du Morvan.

Le démon y attendait son adversaire.

Martin s'arrête en ce lieu maudit, se mêle aux gens attroupés autour de l'idole et, d'une voix forte, les exhorte à renoncer à leur faux culte et à remplacer cet autel infâme par un oratoire du vrai Dieu.

Ce fut naturellement un scandale.

Une rumeur de colère passe dans la foule qui se grossit des paysans accourus des environs. On veut faire taire cet étranger qui insulte l'idole. Martin parle plus haut. Debout, entre ses compagnons de route, il est superbe d'éloquence et de hardiesse. Son audace met le comble à la fureur populaire. On se jette sur lui, on le bouscule, on le sépare violemment de ses disciples. Un fanatique lève une hache et va l'abattre sur Martin.

Le bon évêque pense que l'heure de mourir est venue. Aussi calme que naguère au milieu des brigands des Alpes, il rejette son manteau; et, heureux de verser son sang pour la cause du Christ, il tend, impassible, son cou au bourreau. Mais, ô prodige! c'est le bourreau qui est frappé, et tombe à la renverse comme foudroyé.

Le ciel est évidemment pour Martin. La foule stupéfaite change, en un instant, de sentiments. Elle crie que cet homme inconnu est un prophète de Dieu. Le rustre, qui voulait tuer l'évêque, se jette à ses pieds et lui demande pardon. On porte Martin en triomphe. Les paysans, dans leur enthousiasme, se précipitent eux-mêmes sur l'idole et, à grands coups, la mettent en pièces. A sa place, on élève une hâtive chapelle, que l'évêque bénit, et où, catéchiste fiévreusement écouté, il enseigne à ces nouveaux catéchumènes la doctrine de Jésus.

Martin demeura longtemps dans la banlieue d'Autun.

Un matin, errant par les champs, il aperçoit un bizarre cortège dans un chemin creux. Une haie lui cache les promeneurs, dont il ne voit que les têtes. Quelque chose de blanc, une bannière sans doute, flotte, qui doit être le symbole d'une cérémonie païenne. Sans rien dire, il fait un signe de croix. Comme par enchantement, le cortège s'arrête. On le dirait pétrifié tout entier. Impossible aux hommes qui le composent d'avancer.

ni de reculer. Martin s'approche alors et reconnaît qu'il s'agit d'un simple convoi funéraire. On porte un mort en terre. Un nouveau signe de croix rend immédiatement le mouvement à ces pauvres gens, qui se prosternent, stupéfaits, aux pieds de Martin et le supplient de les instruire et de les bénir.

Un pin, dans les environs, marquait le voisinage d'un temple païen très vénéré. L'évêque de Tours fit démolir le sanctuaire. On n'osa protester contre cet acte d'autorité, tant l'influence du missionnaire était déjà grande dans la contrée. Mais, quand il voulut abattre l'arbre sacré, il le trouva gardé par une bande de sectaires, très décidés à ne pas laisser toucher à leur fétiche. Aux instances de Martin, ils opposent un refus absolu ; à ses supplications, ils répondent par des menaces. Le bon évêque, lui aussi, était obstiné. Il était résolu à ne point s'éloigner que l'arbre ne fût par terre. Ne pouvant venir à bout de ces forcenés, il s'adresse à la foule tassée autour et qui regarde curieusement. Sa parole était irrésistible. Deux courants partagent bientôt les assistants. Les uns crient qu'il faut abattre le pin, les autres protestent.

« Eh bien ! dit alors l'un des meneurs, mets-toi sous l'arbre, et c'est sur toi que nous l'abattrons. »

Un défi était toujours imprudent avec l'ancien cavalier récalcitrant de Worms. La chose n'était pas plus tôt dite que l'impétueux Slave était sous le pin. Ses amis épouvantés le conjurent de s'en aller, veulent l'enlever de force. Lui, impassible et souriant, commande qu'on le laisse là où il veut être.

On met la cognée au pied de l'arbre qui s'ébranle. Le tronc se fend, craque, tombe. Un signe de croix du missionnaire l'a arrêté dans sa chute ; et, brusquement rejeté en arrière, l'arbre va s'abattre lourdement du côté opposé, écrasant presque les bûcherons atterrés.

Des pareilles marques de la protection divine donnaient au courageux apôtre un prestige devant lequel toutes les oppositions étaient impuissantes. Aussi les conversions se multipliäient elles, chaque jour, partout où il passait.

LE PIN. -- Ms. bibl. Tours

Lettres ornées tirées de notre grand ouvrage « Saint Martin », par Henri Bas.

Une femme, affligée d'un flux de sang, touche le pan de son manteau ; et elle est subitement guérie.

Une maison brûlait. De loin, Martin voit les flammes. Il accourt, monte sur le toit embrasé ; et devant lui le feu s'éteint.

Quand il eut suffisamment purifié l'Autunois des restes du paganisme, l'infatigable marcheur franchit les pentes de la Côte-d'Or et vint à Beaune. Aux sources de l'Aigue et de la Bouzoise, il construisit des oratoires chrétiens sur les ruines d'autels druidiques. Au bourg de Lassey, une eau vive sortit de terre à son commandement. Dans vingt autres localités, des idoles furent détruites et remplacées par des chapelles catholiques.

Martin visita ensuite Dijon et gagna le pays sénonais, à travers l'Auxerrois, où il démolit, dans la cité d'Avallon, un temple d'Apollon.

Une singulière ambassade vint le saluer à son arrivée à Sens. Un magistrat, nommé Auspicius, lui était député par les habitants de la ville pour implorer sa protection contre la grêle qui, depuis quelque temps, dévastait la contrée. La prière de Martin fit cesser le fléau.

L'évêque de Tours rentra dans son diocèse par l'Orléanais. Cette grande tournée de missions avait duré une année entière.

Il trouva son monastère considérablement accru. Plus de quatre-vingts religieux remplissaient la thébaïde de Marmoutier.

Le retour du saint homme dans son ermitage n'était pas un repos. Il n'y demeurait guère. Sa charité toujours active l'entraînait, malgré ses fatigues, à droite et à gauche, partout où quelque misère, quelque détresse, avait besoin de son secours.

On eût vraiment dit que cet incompréhensible nomade avait le don de multilocation. Il était partout à la fois, dans son monastère et dans sa ville épiscopale, sur les grandes routes et dans les églises, au milieu des pauvres et sur le seuil des palais.

Il visitait, dans les perpétuelles allées et venues de son infatigable remuement, les moindres recoins de son diocèse, fouillant tout, examinant tout, ne laissant rien en dehors de sa vigilance et de ses sollicitudes.

Il aimait, d'un amour intense, toute créature de Dieu. Sa bonté, naïve dans son expansion, s'épandait jusque sur les animaux. Il défendait les nids et les tanières, comme il gardait les foyers et les maisons.

Dans une de ses courses apostoliques, il suivait l'un de ces sentiers encaissés qui longent les cultures. Un lièvre, poursuivi par des chasseurs, vint se heurter contre sa robe. Les chiens, jappant et courant, avaient forcé la pauvre bête, et, impitoyables, la tenaient déjà entre leurs dents.

« Halte là ! » s'écrie le saint.

Les chiens s'arrêtent au commandement ; et, rapide comme la parole du prêtre, le lièvre disparaît dans les bruyères du bois voisin.

Un soir, l'anachorète était retiré dans sa cellule, relisant, sans doute, avant de s'endormir ces pages de l'Évangile qu'il savait presque par cœur, et où il puisait, dans les exemples de son Maître, ses sublimes inspirations. Un bruit inaccoutumé trouble soudain le silence du monastère. C'est un courrier de Tours, effaré et hors d'haleine. Il raconte que la ville est en émoi. Un haut fonctionnaire de la police vient d'arriver avec une escorte de soldats, a fait arrêter plusieurs citoyens, les a jetés dans un cachot et condamnés à mort. L'exécution doit avoir lieu au lever du jour.

On connaît bien, à l'ermitage, ce fonctionnaire, nommé Avicien, dont la cruauté est partout où il passe, la terreur des populations. D'un tel homme aucune clémence n'est à espérer : il ne fait jamais grâce.

Martin est au-dessus de toutes les craintes. Il n'hésite même pas. Il s'affuble de son manteau et, par la nuit froide et sombre, se hâte sur la route de Tours. Sur la barque, qui a amené le messager, il traverse la Loire et court au château où s'est logé Avicien. La porte est close. Martin frappe. On ne répond point.

Alors, le moine se prosterne sur la terre, devant la porte, pleure et prie.

Un cauchemar agite aussitôt le sommeil d'Avicien, qui repose au fond de son appartement. Une voix surnaturelle a crié dans la chambre : « Avicien, le serviteur de Dieu est couché à ta porte, pendant que tu dors. »

Avicien s'éveille, et appelle le soldat qui est de planton dans son vestibule. « Allez vite ouvrir au serviteur de Dieu, qui est à la porte et qui veut entrer. »

Le soldat descend dans la cour. Il n'y a personne.

« C'est une fausse alerte, dit-il ; la cour est déserte. »

Mais, Avicien est de nouveau réveillé par la voix, plus terrible cette fois et menaçante.

Il se lève, hors de lui, traverse les corri- dors et la cour, et va ouvrir lui-même la porte de l'enceinte extérieure. Dans l'ombre, une forme est étendue sur le sol. C'est Martin.

« Calmez-vous, bon père. Je devine le motif qui vous amène à une pareille heure. Je n'ai rien à vous refuser. Dieu me puni- rait si je vous causais de la peine. Retirez- vous. Je vous accorde la grâce des prison- niers. »

A travers les brouillards du fleuve, Martin se remit en route, remerciant Dieu, et rentra à Marmoutier.

Avant l'aube, Avicien avait délivré les prisonniers, et lui-même s'était enfui, épouvanté, de cette ville que gardait si bien le serviteur de Dieu.

Depuis lors, chaque fois que le farouche policier repassait dans la Touraine, il allait frapper à la cellule de l'ermite et demeurait des heures à écouter sa parole. Une après-midi que tous deux s'entretenaient sur la grève de Marmoutier, le moine dit à brûle-pourpoint à son hôte :

« Je vois sur votre épaule un démon hideux. Au nom du Seigneur, je vais le chasser par le signe de la croix. »

Il y avait plus d'un démon à bannir de la conscience de cet homme sanguinaire. Le puissant exorciste y parvint, et Avicien finit par se convertir dans les dernières années de sa vie.

Le terrible exécuteur avait une femme pieuse et bonne qui, à plusieurs reprises, envoya à l'évêque de Tours des flacons d'huile pour qu'il les bénît, et dont elle se servait, avec un infaillible succès, pour la guérison des malades.

C'était, d'ailleurs, un merveilleux médecin

que le missionnaire de Marmoutier. Il triomphait de Satan dans les maladies du corps, comme dans les maladies de l'âme. Tout ce qu'il touchait devenait chose salutaire. Une lettre de lui avait rendu la santé à la fille du préfet Arborius; et cette jeune patricienne avait voulu, à la suite de ce miracle, se consacrer à Dieu et aux pauvres dans un des couvents créés par l'évêque de Tours.

A chaque instant, on venait quérir le bon moine pour sauver quelque moribond.

Un jour, on l'appelle de la part d'un riche commerçant, nommé Évance, qui était à la dernière extrémité. Martin part aussitôt. A peine est-il en route, que le malade se sent guéri, se lève, et court au-devant de Martin. Ce fut, dans la maison, une joie de recevoir cet hôte vénérable. On lui fit fête, et on le retint jusqu'au lendemain.

Au moment où il prenait congé de la famille, au grand regret de tous, il entend un cri de douleur dans la cour. C'était un jeune domestique qu'un serpent avait mortellement piqué. Le corps du blessé était déjà enflé, et la mort semblait imminente. Martin se penche sur le serviteur étendu à terre et râlant ; il cherche l'endroit de la piqûre et y appuie fortement son doigt. Tout le venin y afflue immédiatement, et sort, avec du sang, sous la pression du thaumaturge. Martin tend alors la main au domestique, qui se relève sans aucune trace de mal.

Une importante affaire attira, en 381, l'évêque de Tours au-delà des Pyrénées. Un concile se réunissait à Saragosse, et Martin y était convoqué. Il s'agissait de juger une doctrine hérétique que propageait en Espagne Priscillien, évêque de Labile. L'hérésie fut condamnée.

Martin ne perdait aucune occasion de travailler à l'extension du règne de Dieu. Il ne quitta point les Pyrénées sans y prêcher l'Évangile. Il demeura plusieurs mois dans le haut Languedoc, vécut, laborieux pèlerin de Jésus, au milieu des montagnes, et fit aimer son cher Maître dans les pauvres hameaux des Corbières. Dans les environs de Pamiers, il sauva un enfant qu'on avait jeté dans un étang. Tout le long de la Garonne, il annonça la bonne Nouvelle du Dieu Sauveur, et ne reparut dans son diocèse que vers la fin de l'année.

Son retour à Marmoutier ne lui donna guère de repos.

En 383, l'évêque d'Angers mourut. Martin, dont le siège avait été récemment érigé en métropole, dut se rendre dans l'Anjou pour présider l'élection d'un nouveau prélat. Il désigna aux suffrages des fidèles un de ses plus anciens disciples. Maurille était, depuis vingt-cinq ans, le compagnon du Slave. Avec lui, il avait esquissé la vie monastique dans le val de l'Olona. Avec lui, il avait, dans l'ermitage de Ligugé, préludé aux missions du Poitou et de la Touraine. Depuis plusieurs années, il était chargé de la paroisse de Chalonnes.

Une fois le siège épiscopal d'Angers pourvu d'un titulaire, Martin fit une tournée de prédication dans les campagnes angevines, vers la région nantaise, et dans la vallée de la Mayenne. En quittant Maurille, il lui laissa une des fioles rapportées naguère du couvent d'Agaune.

En 384, un deuxième concile le ramena encore dans le Sud. Cette fois, l'assemblée des évêques eut lieu à Bordeaux. On y confirma la première condamnation de l'hérétique Priscillien, qui fut définitivement excommunié et privé de son évêché de Labile.

Martin resta dans l'Aquitaine jusqu'au printemps de l'année suivante. Il visita le Médoc et le pays de Graves, s'arrêta à Blaye où il perdit son disciple Romain qu'il voulut ensevelir lui-même, et reprit lentement la direction de la Touraine, à travers la Saintonge et le Poitou. Il revit Ligugé et tout le territoire qu'avaient sillonné ses premières missions. Il put s'agenouiller dans des églises du Christ, là où trente ans auparavant Satan avait des idoles. Dans les robustes labours qu'avait creusés sa vaillante main, la semence avait germé. Maintenant, la moisson était venue, belle, riche, surabondante. Les racines étaient durables et profondes, que Martin mettait dans la terre. Il plantait pour l'éternité.

CHAPITRE IX

VIEILLESSE DE MISSIONNAIRE
(386-389)

LES PRISCILLIANISTES. — EMPEREUR ET PONTIFE. — HALTE D'ANDETHANNA. — DE LA MOSELLE A LA SEINE. — JOURS DE TRISTESSE. — EN AUVERGNE. — PAULIN ET FÉDULA. — L'ÉVÊCHÉ DU MANS.

A peine l'archevêque de Tours était-il revenu au milieu de ses religieux, qu'il se vit obligé de les quitter encore.

Des événements graves avaient agité l'empire, dont le bruit parvenait jusque dans la retraite de Marmoutier. Le jeune fils de Valentinien, Gratien, avait été assassiné dans la province de Lyon. Un officier espagnol, Maxime, s'était fait proclamer empereur par l'armée de Bretagne. Les partisans de Gratien étaient proscrits par l'usurpateur et traqués de tous côtés. Plusieurs amis personnels de Martin se trouvaient parmi les gens désignés aux rancunes de Maxime. Une intervention prompte et énergique du saint moine pouvait les sauver.

D'autre part, l'affaire du priscillianisme s'était envenimée. Elle avait été soumise à l'empereur à la fois par Priscillien et par ses contradicteurs. Deux prélats d'Espagne, Ithace et Idace, les plus acharnés adversaires de Priscillien, étaient à Trèves, ainsi que l'hérétique lui même, et troublaient la cour par leurs intrigues et leurs violences.

Il était à craindre que le chef de l'État, qui subissait l'influence d'Ithace, ne prît des mesures odieuses au sujet des priscillianistes, contre lesquels ce prélat fanatique osait requérir la spoliation des biens, la dégrada tion et la peine de mort. Il fallait, à tout prix, empêcher une pareille infamie.

Martin avait soixante-dix ans. Malgré ce grand âge et ses fatigues récentes, il partit pour Trèves.

Hardiment, devant l'empereur, il plaida la cause des proscrits politiques. La fermeté, l'incomparable dignité du pontife, subjuguèrent Maxime. L'usurpateur s'excusa, s'humilia, demanda grâce pour lui-même, attestant qu'il n'était nullement complice du meurtre de Gratien, et promettant l'amnistie pour les fidèles de cet infortuné prince.

L'archevêque traita ensuite, avec la même énergie, la question religieuse. Il obtint de l'empereur qu'aucune mesure violente ne serait prise contre Priscillien et ses partisans. Les intérêts du dogme sont au-dessus de la puissance séculière et n'en peuvent relever. Ils dépendent de la seule autorité ecclésiastique et reposent sur la conviction de la conscience, et non sur l'emploi de la force.

L'archevêque de Tours eut gain de cause sur toute la ligne. Maxime promit tout ce qu'on lui demandait. Il combla Martin de témoignages d'estime, sollicita son amitié, le retint le plus possible près de lui.

A un banquet officiel, où Martin occupait la place d'honneur à la droite du prince, celui-ci présenta à l'archevêque une coupe de vin. Martin, après y avoir goûté, au lieu de la rendre à Maxime, la passa au moine qui était près de lui. Il jugeait qu'un prêtre du

Christ est au-dessus des souverains de la terre. Les courtisans furent scandalisés; mais, l'empereur admira cette noble audace et en conçut pour le pontife une vénération plus profonde.

L'impératrice Héléna était une fervente chrétienne. Elle aussi voulut recevoir Martin dans son palais; seulement, elle n'osa prendre place à la table de l'archevêque. Elle resta debout, servant elle-même le serviteur de Dieu et recueillant, après son départ, comme des reliques, les miettes de son repas.

Un autre grand pontife se trouvait, en même temps que Martin à la cour de Trèves. C'était Ambroise, de Milan. Il avait succédé, en 374, à cet Auxent, prévaricateur, persécuteur des solitaires de l'Olona, et dont Hilaire avait si éloquemment flétri l'indigne conduite. Fils de patricien, avocat de grand talent, puis procurateur de la Ligurie, il avait été élu au siège épiscopal de Milan par acclamation populaire, avant même d'être chrétien. En huit jours, il fut baptisé, ordonné prêtre, et sacré évêque. Il s'était récemment lié d'amitié avec un jeune professeur africain qui, après avoir enseigné à Rome, occupait brillamment une chaire de rhétorique à Milan. Ce professeur s'appelait Augustin. Ambroise l'avait converti à la foi chrétienne; et il venait de le baptiser à Milan, la veille de Pâques, quand l'affaire des priscillianistes l'avait lui-même appelé à la cour de Maxime.

Ambroise et Martin étaient faits pour s'apprécier et s'aimer l'un l'autre. Une mutuelle sympathie naquit de leur première entrevue; et, quand Ambroise s'éloigna de Trèves, une étroite intimité unissait à jamais les deux augustes prélats.

Etait moins volontiers l'hôte du palais que le visiteur des infirmes et des pauvres, le prêtre de cœur et de foi, en qui n'avait fait que grandir la charité du cavalier d'Amiens. Toutes les misères l'attiraient à elles comme par un aimant irrésistible. Il parsemait les faubourgs des largesses de sa féconde bonté. Au chevet de tous les malades, il s'asseyait. Point ne pleurait quelqu'un qu'il n'allât consoler.

Un jour, il guérit le serviteur du proconsulaire Tétrade, et, du même coup, convertissant ce magistrat, transforme en chapelle, où prieront les malheureux, la maison luxueuse où, la veille, s'engourdissait la mollesse du riche.

Le lendemain, il se risque seul dans le logis mal famé d'un fou furieux, dont personne n'ose approcher. L'enragé s'élance sur lui, grinçant des dents et cherchant à le déchirer. L'homme de Dieu, tranquillement lui met ses doigts dans la bouche ; et, à ce contact, la fureur de l'énergumène est instantanément calmée.

Une jeune fille, paralysée de tous les membres, agonisait. On court chercher Martin. L'archevêque prend un peu d'huile, la bénit, et en verse quelques gouttes sur les lèvres de la moribonde, qui se lève aussitôt, saine et vaillante.

Il rencontre un nègre épileptique. Il lui impose les mains, et le nègre est délivré de son mal.

Un individu, qui avait la réputation de sorcier, annonçait l'invasion imminente des barbares. Toute la ville était en émoi. Martin

commande au prétendu prophète de venir à
l'église, et l'oblige à confesser tout haut, de-
vant le public, que sa prédiction de mal-
heur est un mensonge diabolique.

Quand Martin eut comblé de ses bienfaits
la cité et la banlieue, il alla porter plus loin
son zèle évangélique. Il parcourut le Luxem-
bourg, et pénétra en Belgique jusqu'au con-
fluent de l'Ourthe et de la Meuse. Il se dis-
posait à passer en Flandre, lorsqu'il apprit
que tout était changé dans les sentiments de
l'empereur.

Profitant du départ presque simultané
d'Ambroise et de Martin, les adversaires des
priscillianistes avaient circonvenu le faible
Maxime et obtenu qu'on remît l'affaire en
litige au préfet du prétoire. Evode, homme
dur et sévère, dont les conclusions n'étaient
point douteuses. Priscillien et ses amis
furent condamnés à mort et exécutés sans
délai.

A la nouvelle de ce crime, Martin revient
en tout hâte. Mais, l'empereur, qui redoute
l'indignation du saint missionnaire, a donné
l'ordre de ne point le laisser entrer dans la

ville. Des soldats ont été envoyés à sa rencontre, avec la consigne rigoureuse de le contraindre à rebrousser chemin.

« J'apporte la paix de Dieu », dit simplement le vieux Slave.

Et il passe outre.

Les gardes veillaient, et Martin se heurte à des portes fermées. Impossible de franchir la barrière close devant lui. On ne décourageait pas aisément l'archevêque de Tours. Jusqu'au soir, il rôde autour des remparts. La nuit venue, il se recommande à Dieu, et, à la dérobée, il s'introduit dans l'enceinte.

Le lendemain matin, à la supéfaction générale, Martin se présente au palais. Les gardes le repousssent. Il se rend alors à l'église, y prie longuement, et hardiment circule dans les rues de la cité, aux yeux de tous, affectant de s'écarter avec horreur des prélats, prêtres, ou laïques, qui ont pris part à la condamnation des priscillianistes.

Le peuple, qui aime et vénère le bon moine, l'acclame partout où il passe, et prend parti pour lui.

Ithace et les autres Espagnols, coupables de toute cette affaire de sang, n'osent plus se montrer en public. La foule indignée les conspue.

La situation devenait intolérable.

« Qu'on chasse cet homme, et au plus vite, » dit Ithace à l'empereur.

Maxime, qui savait combien l'archevêque de Tours était populaire, craignait qu'une émeute n'éclatât, si l'on usait de violence à son égard. Après deux jours d'hésitation, il résolut d'essayer la persuasion pour amener Martin à se rapprocher des ithaciens. Il le fit appeler au palais.

L'entrevue fut terrible.

Le pontife, digne et superbe d'audace et d'éloquence, reprocha sévèrement à l'empereur l'infamie de sa conduite. Le tyran fut tour à tour rusé et grossier, insinuant et brutal ; il employa tous les moyens pour ébranler l'homme de Dieu. Rien n'y fit, ni menaces, ni colère, ni astuce.

Enfin, las de ne pouvoir ni briser cette énergie d'apôtre, ni corrompre la conscience de ce vieillard dont la sainte hardiesse défiait sa puissance de despote, Maxime coupa court à l'entretien.

A peine l'archevêque se fut-il retiré, que

l'empereur, fou de rage, donna l'ordre de mettre à mort tous les gens compromis dont Martin avait demandé la grâce, et de faire poursuivre et exécuter en Espagne tous les complices de Priscillien.

Martin était à l'église, quand on lui apporta cette affreuse nouvelle. Elle l'atterra. Que faire ? Comment empêcher les crimes dont sa résistance à l'empereur allait être la cause ? Il fallait, à tout prix, arrêter le féroce César dans cette voie de sang, sauver tant de victimes de la fureur du tyran. La charité l'emporte sur tout : c'est le commandement du Christ. Il n'y a pas à hésiter. Martin court, à la tombée de la nuit, au palais. Malgré l'heure tardive, Maxime le reçoit. Que seulement l'archevêque veuille bien se mêler, le lendemain, dans l'église, aux prélats qui doivent nommer un titulaire au siège vacant de l'archevêché de Trèves, et l'empereur accorde à tous une entière et définitive amnistie.

Martin se résigna. Le lendemain, il assista à la consécration du nouveau métropolitain. Mais, aussitôt la cérémonie terminée, il quitta cette ville de malheur, après avoir prédit la mort violente et prochaine du prince coupable.

Il s'en allait, le cœur déchiré, l'âme inquiète, ayant comme un remords d'une condescendance qui n'avait été de sa part, en réalité, que l'héroïque effort de la charité. Son Ange gardien le consola, en un lieu célèbre, appelé depuis la *Halte d'Andethanna*, sur la route de Trèves à Reims.

Le vieux missionnaire, tout épuisé qu'il était par le chagrin et la fatigue, ne rentra pas directement en Touraine. Il reprit sa mission de Flandre, interrompue par les derniers événements de Trèves. Il traversa les Ardennes et une partie du Hainaut, et étendit sa course apostolique jusqu'aux rivages de la mer. Sur les dunes flamandes, pendant quelques jours, il perdit son âne, que les enfants de Dunkerque, chaque année, le 11 novembre, cherchent encore, avec des lanternes, dans tous les quartiers de la ville. Martin revint vers la Seine par l'Artois et la Picardie.

Son activité, que l'âge ne diminuait point, trouva moyen de s'exercer dans tout ce parcours en des prédications et des miracles, et d'y laisser partout de son passage des traces ineffaçables.

Martin approchait des bords de la Loire. Sur le chemin, il aperçoit des paysans qui fuyaient épouvantés, poursuivis par une vache furieuse. L'animal, emporté dans une course effrénée, avait déjà blessé plusieurs personnes. Tout le monde se garait. L'archevêque seul ne quitte pas le milieu de la route. D'un geste, il arrête la vache et lui commande de retourner au pâturage. La vache, domptée subitement, obéit et s'en va tranquillement retrouver le reste du troupeau dans la prairie.

A peu de distance de Marmoutier, Martin fit halte pour passer la nuit, dans une maison de ses religieux. L'air était froid, et on alluma quelques sarments dans la modeste chambre, où il s'étendit sur un lit de paille. Pendant son sommeil, des étincelles jaillirent sur la pauvre paillasse et y mirent le feu. Martin s'éveille dans les flammes; ses vêtements brûlent, la salle est pleine de fumée qui l'aveugle. Il s'élance vers la porte : elle est fermée. Il s'agenouille alors, appelle

Dieu à son secours. Aussitôt le feu s'éteint, sans lui avoir fait la moindre brûlure.

Le vieil archevêque avait bien besoin de paix et de silence, quand il arriva enfin dans son ermitage tourangeau. La sérénité de son âme était comme voilée d'une tristesse que ses efforts ne pouvaient complètement vaincre. Il était, malgré lui, abattu, préoccupé des odieux souvenirs de Maxime et de Trèves.

Sous le toit rustique de sa cabane, il se retrouva lui-même. Au pied de son cher crucifix, il vida son cœur de toutes les amertumes qui s'y étaient entassées. Dans la rude pénitence de sa vie mortifiée, dans la prière ardente où s'exhalait sa piété confiante, il puisa force, courage, espoir.

Un message qu'il reçut d'Italie fut un rayon de joie qui vint, un matin, illuminer son âme. Ambroise lui envoyait des reliques de saint Gervais et de saint Protais, récemment découvertes à Milan.

D'autre part, tout marchait à merveille autour de Marmoutier. La Touraine se christianisait rapidement. La foi avait décidément envahi les campagnes ; et dans les

chaumières des paysans le Christ était adoré
et servi.

Le vieux Slave, quelles que fussent ses
fatigues, n'était pas l'homme du repos.

Ses jambes de septuagénaire, après tant
d'étapes et de lassitude, étaient vigoureuses
encore, et il les voulait user jusqu'au bout
au service de son Maître Jésus. Si brisé, si
affaibli qu'il se sentît, il avait, dans les iné-
puisables ressources de son énergie et de son
amour pour Dieu, de quoi affronter encore
les labeurs de l'aspotolat. Des chemins lui
restaient à parcourir, où il n'avait pas traîné
sa robe de moine et son bâton de pèlerin.

Là-bas, tout là-bas, aux régions de l'Isère
et du Rhône, les rochers du Vivarais et du
Vercors l'appelaient. Au cœur de la France,
sa parole, digne de saint Paul, n'avait pas
été entendue des rudes montagnards de l'Au-
vergne. Il y avait, à l'horizon de la Gaule
centrale, il y avait, aux pays du midi, des
âmes païennes qu'il fallait donner au Christ,
des cœurs idolâtres auxquels Dieu man-
quait.

Il dit donc, une fois de plus, adieu à son
coin aimé de Marmoutier.

A petites journées, il visita la partie de son diocèse qui confinait au Poitou et au Berry. s'arrêtant aux différentes paroisses qu'il avait échelonnées le long de la vallée de l'Indre.

A Clion, qui était sur son passage, il avait fondé une petite communauté de religieuses. Les pieuses filles lui préparèrent pour la nuit une paillasse dans la sacristie de la chapelle; et. le lendemain, après le départ de l'archevêque, elles se partagèrent, comme des reliques, la paille sur laquelle il avait reposé. Quelques jours après, l'une d'elles, soignant un malade, eut la bonne pensée de lui faire toucher quelques brins de cette paille, et le patient fut immédiatement guéri.

Un peu plus loin. Martin rencontra sur la voie romaine qui allait de Blois à Châteauroux, près du village de Levroux. un temple païen. Il exhorta vivement les habitants de la localité à détruire ce repaire du démon. Mal lui en prit. On voulut l'assommer. Le vaillant missionnaire ne se déconcerta point. Il passa deux jours en prière. Deux hommes armés se présentèrent alors devant lui. l'emmenèrent au temple qu'ils démolirent en quelques instants sous les yeux des villageois ahuris. Tout le pays, gagné par cette manifestation éclatante de l'intervention divine, se convertit à la foi chrétienne.

Les champs de Levroux étaient remplis d'oiseaux de toutes sortes. Martin les appela; et, quand ces catéchumènes de genre spécial furent assemblés en grand nombre autour de lui, il leur distribua du grain, les bénit, et les congédia.

Avant de continuer son voyage dans la direction de l'Auvergne, Martin erra plusieurs mois dans les plaines de ce Berry, où tant de fois déjà il avait proclamé, en actes et en paroles, l'avènement du règne de Dieu. Puis, il prit à Montluçon la route de Clermont, en stationnant dans tous les endroits où il trouvait à combattre les restes du paganisme. Il prêcha à Riom, s'arrêta à Arthonne au tombeau d'une chrétienne dont la mémoire était vénérée dans toute la région; et, après avoir séjourné un certain temps dans le Puy-de-Dôme, il passa dans le Forez et arriva à Vienne vers la fin de l'année 388.

Martin eut la joie de retrouver sur les

rives du Rhône l'archevêque de Rouen,
Victrice. L'amitié était de vieille date entre
les deux prélats. Soldats tous deux dans
leur jeunesse, ils s'étaient rencontrés plu-
sieurs fois dans le cours de leur épis-
copat, d'abord à Chartres, récemment à
Trèves.

Victrice présenta à Martin le sénateur
Paulin. Cet homme distingué possédait une
fortune considérable. Il appartenait par sa
naissance à la haute noblesse d'Aquitaine, et
avait, à l'école du rhéteur Ausone, déve-
loppé de bonne heure, à Bordeaux, les re
marquables facultés dont il était doué.

Bien que très attaché au christianisme, il
n'avait pas encore reçu le baptême. Il avait,
sous le règne de Valentinien, occupé une
charge élevée dans l'administration. Depuis
l'assassinat du prince Gratien, élève lui aussi
d'Ausone, Paulin vivait retiré dans ses riches
domaines, avec sa femme Thérasia.

C'était une grâce de Dieu qui avait amené
Paulin à Vienne en même temps que l'arche-
vêque de Tours. Le sénateur souffrait d'une
ophtalmie qui menaçait de lui faire perdre
la vue. Martin toucha les yeux de Paulin

avec de l'huile qu'il avait bénite. L'ophtalmie disparut pour toujours.

Avant de quitter Vienne, Martin y baptisa une femme nommée Fédula, et déposa, dans l'église qu'on bâtissait à ce moment dans la ville, une partie des reliques que lui avait envoyées Ambroise de Milan.

Ses courses apostoliques le conduisirent jusque dans le massif montagneux qui sépare les vallées de l'Isère et de la Drôme.

Il revint du Dauphiné par la même voie de l'Auvergne qu'il avait prise à l'aller, et regagna la Touraine, après une année d'absence.

Dans un des premiers mois qui suivirent ce retour, Liboire, évêque du Mans, tomba gravement malade. Martin se rendit en toute hâte auprès du prélat moribond, reçut son dernier soupir, et, après sa mort, s'occupa de lui élire un successeur. On s'en rapporta à son choix. Il proposa un pauvre vigneron, nommé Victor, dans lequel il avait deviné, sous la rudesse du paysan, la vertu d'un saint.

Il remit au nouvel évêque quelques-unes

des reliques des saints Gervais et Protais, et
visita, avant de reprendre le chemin de Tours,
les régions du haut Maine, du Perche, et de
la vallée de l'Eure. Puis, il emmena avec lui
à Marmoutier le jeune Victorin, fils de
Victor.

Il ne devait plus, désormais, s'éloigner de
son diocèse.

CHAPITRE X

LA FIN DE SAINT MARTIN

(389-397)

DERNIÈRES VISITES PASTORALES. — BRICE. — LA ROUTE D'AMBOISE. — SULPICE SÉVÈRE. — DERNIERS JOURS DE MARTIN. — VISITE A CANDES. — MALADIE ET MORT DE SAINT MARTIN.

Depuis que l'ermite de Ligugé, dans la célèbre acclamation populaire du 4 juillet 371, avait été élu évêque de Tours, la face des choses avait bien changé dans le pays.

La Touraine était devenue chrétienne.

L'évangélisation des campagnes, à laquelle, avant tout, s'était voué le saint pontife, avait complètement réussi. Les paysans, si obstinément enracinés dans le paganisme, s'étaient peu à peu détachés de leurs vieilles superstitions ; et, maintenant, la religion du Christ triomphait dans les derniers villages, aussi bien que dans la cité de saint Gatien.

Sur la rive gauche de la Loire et dans les vallées du Cher et de l'Indre, Martin avait multiplié les paroisses rurales. Quoique moins nombreuses sur la rive droite, des églises existaient aussi, dans cette partie du diocèse, jusqu'aux collines du Loir, dans les plus importantes localités.

Çà et là, on avait érigé des sanctuaires, en ex-voto expiatoires, aux endroits que souillaient autrefois les idoles des démons.

Des postes de moines, établis de distance en distance, à l'entour des chapelles, et formant comme des succursales de Marmoutier, défendaient contre l'invasion du mal ce territoire tourangeau désormais gagné à Dieu.

Martin, qui était resté, sous ses cheveux blancs, le cavalier des frontières pannoniennes, organisait toute chose militairement et en vue des batailles. Il avait fait de ses moines un régiment du Christ. Au quartier général de Marmoutier, on équipait les recrues, on les armait, on les disciplinait. Il y avait, pour cette éducation des jeunes, une poignée de vétérans sur la fidélité desquels Martin savait pouvoir compter.

Les postes avancés n'étaient confiés qu'aux soldats d'élite.

Dans chaque paroisse, à côté du prêtre qui avait la charge de pasteur du troupeau chrétien, des clercs ou des frères laïques se partageaient les divers offices de charité : l'école des enfants, l'instruction des adultes, la visite des malades, le soin des pauvres.

Certes, on conçoit que, dans les campagnes tourangelles, on dut regarder, dès l'abord, avec une curiosité étonnée, ces hommes extraordinaires qui s'en venaient, en vêtements de laine brute ou de toile grossière, mener, au coin d'une bourgade misérable, une existence de travail et de privations, plus sobres, plus laborieux et plus indigents que les villageois au milieu desquels ils usaient, sans récompense possible, leur intelligence, leur cœur et leur santé.

La surprise de la première heure se changea vite en sympathie et en estime, quand on vit ces anachorètes, si insouciants pour eux-mêmes, se consacrer, âme et corps, au service du prochain, et se donner tout entiers au soulagement des souffrances et des be-

soins d'autrui. On apprit à les aimer, quand,
dans les deuils et les angoisses de la vie, les
malheureux trouvèrent en eux des amis et
des frères ; quand à tout appel de détresse ils
répondirent par l'héroïque dévouement, et
qu'il n'y eut, autour de leur sainte demeure,
aucune douleur, aucune infortune, qui ne
reçût de leur inépuisable charité les grands
secours de foi, d'espérance et d'amour.

Cette conquête ne se fit point sans diffi-
cultés et sans combats. Satan avait été
imprudent, en défiant à un tournoi, où de-
puis lors il n'avait guère essuyé que des
défaites, l'obscur chemineau de la banlieue
de Milan. Toutefois, si bien battu qu'il fût
par son audacieux adversaire, le démon
n'avait pas abandonné la partie. Fidèle à sa
promesse de haine, il s'était dressé, avec
acharnement, contre Martin partout où le
Slave avait passé.

Il y eut donc pour Martin, ailleurs qu'à la
cour de Trèves, et jusque dans sa famille
religieuse et ses monastères, des épreuves
qui lui furent cruelles.

A Marmoutier, parmi les clercs qui, dès le

bas âge, avaient été élevés par les religieux
se trouvait un certain Brice. On l'avait
naguère recueilli dans la misère la plus com-
plète. Loin de se montrer reconnaissant.
Brice scandalisait tous les bons moines par
la légèreté de sa conduite et troublait leur
paix par les incartades de sa méchante et
brouillonne humeur. Il n'aimait que les che-
vaux, les plaisirs, le bien-être. Les remon-
trances, toujours douces et paternelles, de
Martin, n'obtenaient rien de ce caractère vi-
cieux.

Le vieil ermite, un jour, indigné de ce
que Brice avait poussé l'impudence jusqu'à
acheter des esclaves, fut plus sévère que de
coutume et punit le coupable. Brice en
garda une rancune mortelle. Le lendemain,
il aperçut le saint homme qui se promenait
sur la grève sablonneuse de la Loire, à quel-
ques pas de sa cellule. Ce fut un torrent
d'injures.

« Misérable moine, lui cria-t-il, tu as passé
toute ta jeunesse dans la licence des camps;
et tu oses m'adresser des reproches, à moi
qui, depuis mon enfance, ai vécu dans la
piété, dans ta maison et à ton école ! »

Martin ne répondit à ces outrages de l'ingrat que par des paroles de tendresse. Voyant que sa douceur n'arrivait à rien, il s'agenouilla et pria pendant qu'on l'injuriait, jusqu'à ce que Brice, touché de la grâce, vint enfin tomber à ses genoux et lui demander pardon.

Mais, la mauvaise nature du jeune débauché reprenait vite le dessus.

« Ne vois-tu pas, mon fils, lui disait Martin, les démons qui te suivent et te mettent dans le cœur leur rage et leur haine ? »

Un pauvre demandait, un jour, à Brice, sur la place publique de Tours, où était l'archevêque.

« Tiens, dit Brice, regarde ce vieux fou qui radote et récite là-bas ses patenôtres, les yeux levés au ciel, avec l'air d'un abruti. C'est lui qui est l'archevêque. »

Le pauvre s'approcha du vieillard et lui demanda l'aumône. Martin vida sa bourse dans la main du mendiant, et vint trouver Brice.

« Eh bien ! mon fils, lui dit-il, tu trouves donc que je suis un vieux fou et un radoteur ? »

Le jeune clerc, confus, voulut nier.

« Ne mens pas, mon fils, reprit le servi
teur de Dieu. Mes oreilles étaient à tes
lèvres quand tu as parlé. Sais-tu que, pour
te punir, j'ai demandé à Dieu que tu me
succèdes sur le siège archiépiscopal de
Tours. Mais, je t'avertis que tu y souffriras
bien des tribulations.

— Je savais bien, répondit Brice, que
vous n'étiez qu'un vieux fou. Vous divaguez,
bon père. »

La prédiction était vraie. Brice lui suc-
céda, et eut un épiscopat troublé par des
épreuves nombreuses.

Entre Marmoutier et Tours, au village
actuel de Sainte-Radégonde, était un petit
monastère dont Martin avait confié le gou-
vernement à Clair, l'un de ses plus fervents
religieux. On y avait admis un jeune homme
nommé Anatole, qui feignait la plus ardente
piété. Au fond, c'était un hypocrite et un
illuminé. Il prétendait avoir des visions, des
révélations, et être plus saint que Martin.
Il évoquait le diable; et, toute la nuit, on
entendait dans sa cellule un véritable sabbat.

Enfin, le malheureux fit tant de scandale, qu'on dut supprimer le monastère.

Le démon, au reste, ne lâchait point Martin. Il lui suscitait des ennemis parmi les gens auxquels le charitable anachorète avait fait le plus de bien. Il cherchait à l'épouvanter par tous les moyens, lui apparaissant sous les formes les plus diverses, se disant Jupiter, Vénus, Minerve, Mercure, troublant son sommeil, interrompant ses veillées. Le vieux Pannonien, que sa patrie païenne avait, dès l'enfance, accoutumé aux mani festations, si fréquentes alors, de la puissance diabolique, n'y prenait garde et chassait tous ces fantômes par un signe de croix.

Le nombre croissant des ascètes de Marmoutier avait nécessité la construction d'un bâtiment d'une certaine importance. L'escalier était étroit, cahoteux, et misérable, comme tout l'édifice. Martin, dont le pied s'alourdissait, y fit, un soir, un faux pas et dégringola, jusqu'en bas, toutes les marches. On le ramassa à moitié mort. Pendant la nuit, son Ange gardien lui apparut et le guérit si bien que, le lendemain, il n'y avait plus trace de la terrible chute.

C'était la coutume de l'archevêque de Tours de visiter, le plus souvent qu'il pouvait, les paroisses de son diocèse. Il y allait à pied ou à âne, dans le pauvre accoutrement qui, naguère, avait failli empêcher son élection épiscopale. Dans les dernières années de sa vie, ayant renoncé aux lointaines missions, il multiplia ces tournées pastorales dans les bourgades et les campagnes de la Touraine.

Les paysans le connaissaient bien. Tant de fois ils avaient vu passer sur les chemins de leurs villages ce grand manteau et cette grande barbe ! C'était un porte-bonheur pour eux que la visite de ce père des pauvres, toujours bon, toujours souriant, toujours consolateur. Dès qu'on apercevait, sur la route, sa populaire silhouette, de tous les champs, de tous les prés, de toutes les fermes, vite on accourait. Il lui fallait embrasser et bénir tous les enfants, dire un mot à toutes les mères, serrer la main de tous les hommes. Il entrait familièrement dans les chaumières, s'y asseyait auprès des malades ou des vieillards, mangeait avec les pauvres gens, et ne s'en allait point sans avoir mis dans tous ces cœurs un peu d'amour pour le Christ et d'espérance pour les cieux.

Martin ne s'embarrassait guère des obstacles. Sur la route de Neuillé, un arbre abattu par un ouragan encombrait le passage. L'archevêque fait le signe de la croix, et l'arbre se relève de lui-même, à l'admiration des paysans. On se disputait ensuite les feuilles de cet arbre miraculeux, qui devinrent un remède efficace pour toutes les maladies.

Si les gens du pays l'aimaient et le vénéraient, il n'en était pas toujours de même des passants de hasard, qui croisaient l'humble pèlerin sur les larges voies romaines.

Au retour d'une visite à la paroisse d'Amboise, Martin suivait, appuyé sur son bâton, la chaussée qui longe les bords de la Loire. Les quelques amis qui l'accompagnaient étant restés en arrière, le vieux moine continuait seul sa marche lente. A ce moment, arrivait en sens inverse un chariot traîné par des mules. C'était une voiture du fisc, allant bon train, et escortée par un peloton de cavaliers. A la vue du sombre manteau de

Martin, les mules prirent peur, firent un écart, et faillirent culbuter la voiture.

Furieux, les soldats se jettent sur Martin, l'assomment à coups de bâton et de fouet, et, le laissant ensanglanté et à demi mort sur le bord du chemin, se disposent à repartir. Mais, impossible de faire bouger les mules. Le fouet et les blasphèmes n'y faisaient rien. Les pauvres bêtes, subitement paralysées, restaient immobiles sous la grêle des coups, sans avancer d'un pas. Pas moyen de démarrer. Les conducteurs du chariot n'y comprenaient rien, et s'épuisaient en inutiles efforts, quand survinrent les compagnons de Martin. Ils trouvèrent leur vieux père, étendu sur le sol, couvert de sang, labouré de plaies. Ils lui firent une civière et l'emportèrent sur leurs bras.

A peine avaient-ils fait quelques centaines de mètres, que, derrière eux, à pas précipités, ils virent accourir les gens du fisc. Ces misérables venaient d'apprendre d'un passant le nom du pauvre promeneur qu'ils avaient si lâchement maltraité. Ils se jettent aux genoux de leur victime, la supplient de leur pardonner. La rancune dans le cœur de Martin eut été un contre sens. Il pardonna, et le chariot put repartir.

En outre des églises paroissiales et des presbytères, l'archevêque de Tours avait aussi fondé, dans plusieurs bourgades, des couvents de religieuses. Les bonnes sœurs étaient, surtout, chargées de soigner les malades et de secourir les pauvres. Martin, qui n'oubliait jamais personne, avait toujours, au passage, un bonjour de père pour les braves filles de charité. Il ne s'attardait point chez elles; même, en certaines localités où la malveillance des derniers païens aurait pu soupçonner le mal, il n'entrait pas dans la maison, et se bornait à bénir les religieuses dans l'église voisine.

Vers l'année 392, le monastère de Marmoutier reçut une visite qui est restée mémorable. Un ami de ce sénateur que l'archevêque de Tours avait, quelques années auparavant, guéri à Vienne d'une grave ophtalmie, se présenta un jour à l'oasis des bords de la Loire. C'était un gentilhomme d'Aquitaine, nommé Sulpice Sévère. Un riche et noble mariage, en accroissant sa situation, lui avait permis de se créer, dans sa magnifique villa d'Eluso, près de Carcassonne, une existence somptueuse, partagée entre l'étude des belles lettres et la société exquise d'une épouse passionnément aimée. La mort de sa femme avait brutalement détruit son bonheur. Dans la morne tristesse où se décourageait son deuil, il avait entendu parler des vertus et des travaux de Martin.

Dans les lettres qu'il écrivit à Sulpice Sévère, Paulin ne tarissait pas en éloges enthousiastes de l'apôtre des Gaules. Car, depuis l'entrevue de Vienne, le cœur du sénateur avait gardé l'impression la plus profonde de l'homme éminent, que la voix populaire proclamait partout un saint digne des temps apostoliques. Il ne l'appelait que « notre Martin », remerciait Dieu de lui avoir permis de connaître ce pontife extraordinaire, et tenait cette heureuse fortune pour la grâce la plus signalée de sa vie.

Sulpice Sévère apportait à Marmoutier une nouvelle qui combla de joie l'âme de l'austère anachorète. Paulin avait dit adieu aux vanités du monde. Il avait distribué ses

immenses richesses aux indigents et aux
églises ; et, retiré avec sa femme, la pieuse
Thérasia, dans sa propriété patrimoniale de
Nole, en Campanie, il avait commencé dans
le silence une vie d'abnégation et de fervente
piété. L'archevêque de Bordeaux l'avait or-
donné prêtre ; et les échos de la société chré-
tienne retentissaient partout de la sainteté
de ce patricien, devenu le serviteur du Christ
et des pauvres.

Sulpice Sévère fut accueilli par Martin,
comme un fils longtemps attendu l'eût été
par le plus aimant des pères. L'archevêque,
malgré les résistances de son hôte, voulut
lui laver les pieds, le servir lui-même, lui
faire, avec la plus cordiale simplicité, les
honneurs du rustique domaine des moines.
Plus tard, dans le délicieux opuscule où Sul-
pice Sévère a résumé la vie de l'admirable
Slave, l'éloquent écrivain racontait avec
émotion l'impression étrange que lui fit cet
humble de génie, si grand par le cœur et
l'esprit, si modeste aux regards des hommes,
qui rappelait, d'une si merveilleuse façon, la
pénitence incroyable des solitaires de la
Thébaïde, et en qui semblait reluire et briller

un radieux reflet de la figure adorable du divin Jésus.

L'Aquitain demeura longtemps sous le toit hospitalier des religieux. Il aimait à prolonger les longues veillées du soir dans l'intimité du tête-à-tête avec Martin. Parfois, à l'heure où le jour baissait, le moine et le gentilhomme s'en allaient ensemble contempler, aux bords de la Loire, le soleil qui se couchait par delà les collines de l'horizon.

Dans la pâle clarté reposante des tranquilles soirées, la causerie, plus à l'aise et plus expansive, échangeait, en des confidences mutuelles, les secrètes et magnanimes pensées de ces deux vaillantes âmes. On parlait de Paulin, du superbe exemple donné au monde par cet héroïque désintéressé.

« C'est celui-là, disait Martin, qu'il faut imiter. Notre siècle est vraiment privilégié ; et c'est une gloire et un bonheur pour nos temps d'avoir été favorisés de cette magnifique leçon de courage et de foi. Ce riche a compris la parole du Christ. Il a splendidement réalisé l'enseignement du Maître, en vendant tout ce qu'il possédait ici-bas pour en abandonner le prix aux pauvres. »

Martin souffrait cruellement, à la vue du mal que les pécheurs endurcis opèrent dans la société en dépit des efforts que les justes font pour le bien. Il exhortait vivement Sulpice Sévère à ce persévérant combat pour Dieu et la justice.

Il lui montrait ces deux cités en lutte, celle de Dieu et celle des démons, et les efforts qu'il faut aux soldats du Christ pour vaincre l'auteur de tout mal, Satan, prince de ce monde.

Un soir que les deux amis s'entretenaient ainsi, paisiblement assis près du fleuve, un serpent se glissa parmi le sable de la grève. « Au nom du Seigneur, dit le moine, je t'ordonne de t'en aller. » Le reptile s'enfuit aussitôt. « Hélas ! reprit Martin, les serpents m'obéissent, et les hommes refusent de m'écouter. »

Même absent, Martin exerçait une miraculeuse autorité sur les animaux. Un de ses amis, poursuivi par les aboiements d'un chien, se tourna vers la bête importune et lui cria : « Au nom de Martin, je te défends d'aboyer. » A ce nom, la voix du chien s'étrangla dans son gosier, et il demeura comme muet.

Sulpice Sévère emporta de Marmoutier des résolutions de retraite, qu'il ne tarda pas à mettre en pratique. Il se dépouilla, en faveur des pauvres, d'une partie de ses biens, et vécut, en vrai solitaire, dans un petit cottage qu'il possédait à Primuliac, dans l'Aquitaine. C'est là que vint, quelques années plus tard, le rejoindre, après la mort de Martin, ce Clair, qui avait été le supérieur de l'éphémère ermitage de Sainte-Radégonde, troublé naguère par les excentricités du démoniaque Anatole.

Cependant, l'archevêque de Tours avait près de quatre-vingts ans.

Il se sentait définitivement usé.

Sa robuste constitution, qui, si longtemps, avait résisté aux fatigues des missions et aux duretés de l'ascétisme, cédait enfin à la surcharge écrasante, qu'avait accumulée toute une vie de perpétuels labeurs et de rigoureuses austérités.

Depuis huit ans, il avait dû renoncer aux grands voyages hors des limites de son diocèse. A la famille de son foyer épiscopal, aux enfants de cette province que le Seigneur lui avait confiée, il réservait le suprême dévouement de son ministère et les dernières effusions de ses tendresses paternelles.

Déjà, faible et courbé sous le poids des années et de la lassitude, il ne traînait plus que péniblement, sur les chemins de la Touraine, sa marche lourde désormais et son pas de vieillard. On le voyait encore passer sur les bords de la Loire, pâle et amaigri, comme une ombre de saint, se rendant, les jours de fête, de sa cellule de Marmoutier à la cathédrale de Tours.

Dans la semaine, il ne quittait guère maintenant la petite chapelle qu'il avait dédiée, dans son monastère, aux apôtres Pierre et Paul. Il y demeurait des longues heures, abîmé dans sa prière et dans la vision mystérieuse des choses d'en haut. Dieu lui parlait. Le Maître, qu'il avait servi avec une si constante fidélité, l'associait, en des intimes révélations, aux ineffables suavités des joies célestes. Le vieux cœur du Slave répondait à ces prévenances délicieuses de son Jésus adoré par des élans passionnés d'amour.

Il avait vécu dans le culte et le respect confiant de son Ange gardien. Il en avait fait le témoin, le guide et l'associé de tous les jours et de toutes les heures de son existence. L'Ange lui apparaissait souvent. Les mois qui précédèrent sa mort ne furent qu'un incessant colloque avec ce messager des cieux. Dans sa cellule et dans son oratoire, les saints, qu'il avait le plus aimés, se mêlaient familièrement à ses ferventes méditations. Les apôtres Pierre et Paul, sainte Agnès, sainte Thècle, ont conversé avec lui. Par eux, il était en communication presque quotidienne avec l'au-delà. Il savait les secrets de certains événements éloignés ou à venir. Son Ange lui apprit ce qui se passait au concile de Nîmes. Sa propre mort lui fut connue d'avance, comme il avait prophétisé celle de l'empereur Maxime.

Jusqu'aux extrêmes instants de son pèlerinage ici-bas, il fut le serviteur filial et dévôt de la Mère de Dieu. C'était un des bonheurs de ses dernières années d'aller, le plus souvent qu'il pouvait, dire la messe à la chapelle Notre-Dame-de-Rivière, qu'il avait bâtie dans une dépendance de son monastère.

Il vit la Vierge Immaculée. La Reine des cieux voulut, dès ce monde, mettre elle-même à l'honneur ce dévoué soldat du Christ.

A l'autel, le pieux archevêque semblait dans un véritable face à face avec Dieu. Rien de terrestre n'existait plus en lui. Son âme, emportée dans les mystiques hauteurs d'une foi débordante, avait comme entraîné le corps avec elle. Quand ses mains touchaient la sainte hostie, on aperçut, plus d'une fois, briller à ses doigts transfigurés des pierreries d'un éblouissant éclat.

Martin savait que la mort était proche, et il regardait vers elle avec la sécurité merveilleusement douce d'un cœur virginal. Il en parlait à ses disciples : comme Jésus avait fait pour ses apôtres, il les préparait à ce départ imminent.

Ils étaient vraiment dignes de leur père, ces hommes, patriciens ou plébéiens, auxquels Martin allait léguer l'œuvre immortelle qu'avait créée sa foi. Dans leurs âmes filiales, il avait profondément ancré, avec l'amour du Christ et la science de l'Évangile la soif inextinguible du bien et l'indomptable énergie qui réalise des prodiges. Son sang, sa chair, sa pensée et ses forces, ses nuits et ses jours, il avait, lui, le barbare pannonien, tout donné, dès la première heure, à son unique Maître, le Christ-Jésus. Et maintenant qu'il touchait au terme de ses longs travaux, maintenant que ses mains, tannées aux labours, avaient achevé de creuser le sillon, il pouvait, avant l'adieu de son regard mourant, donner encore au Seigneur quelque chose de soi-même. Il laissait au Dieu, qui fut le Roi de son enfance, de sa jeunesse, de sa maturité et de ses quatre-vingts ans, l'héritage splendidement riche de cette pléiade de moines, de missionnaires, d'évêques, nés de ses sueurs et de ses prières et jetés par lui à l'horizon des Gaules, comme des phares resplendissants, dont, après quinze siècles, est encore éclairé le cercle national de nos églises.

Elle était finie, cette ingrate et difficile conquête de notre territoire. La grande récolte des foins et des blés gaulois, tant rêvée à travers nos vallées et nos plaines si lointainement entrevue dans les parcours répétés de nos campagnes centrales, la royale moisson des âmes, était maintenant faite et à jamais acquise à notre Père des cieux.

Satan était bien vaincu. Le défi de la route milanaise, si vertement relevé, avait abouti à une désastreuse défaite de l'enfer; et allait bientôt pour l'éternité s'endormir, en une impérissable victoire, le pauvre héroïque chevalier de Dieu.

Martin, le Slave inculte et vagabond, l'enfant de l'école buissonnière, le soldat au manteau coupé; Martin, aventurier, pèlerin, banni; Martin, l'ermite de l'Olona et de l'îlot sauvage des côtes liguriennes; Martin, le moine, le missionnaire, le pontife; Martin, l'apôtre, avait de ses bras d'anachorète remué, déchiré, soulevé la terre païenne des Gaules; et, de son gigantesque travail, voilà qu'allait sortir, jeune et belle, dans l'envolée impétueuse de son éclosion puissante, la vivante et radieuse chrétienté de la patrie française.

Le 4 avril 397, l'archevêque de Milan, Ambroise, était mort, dans la renommée d'un grand docteur et la gloire d'un saint.

Les amitiés, liées sur la terre par Martin, disparaissaient l'une après l'autre : Maximin, Hilaire, Athanase, Ambroise, tous ces noms illustres et tous ces souvenirs de cœur, peu à peu, s'étaient effeuillés à ce vent d'automne qui souffle de la tombe. Rien ne retenait plus ici-bas l'apôtre vieilli. Les cieux l'appelaient.

Il voulut, une dernière fois, revoir un coin de son diocèse qu'il affectionnait d'une tendresse plus familiale.

Sur la rive gauche de la Loire, au confluent coquet et boisé de la Vienne, le village de Candes étageait ses maisons de paysans sur un coteau paré de verdure et que baignaient, en se mêlant dans un courant commun, les eaux poitevines et les eaux de la Touraine.

Sur cette pente, Martin avait élevé au Christ l'une de ses premières églises, et bâti pour ses moines une importante annexe de Marmoutier. Quelques troubles venaient d'agiter cette communauté, jusqu'alors proposée à juste titre en modèle aux paroisses rurales de la province.

Martin jugea sa présence utile pour apaiser

la légère tempête un instant soulevée en cette retraite, naguère si paisible. Il partit donc de Marmoutier.

Avant de quitter l'oasis, dont il avait fait le berceau de toutes ses œuvres, il dit à ses frères de solitude, sachant qu'il ne les reverrait plus, l'adieu du temps, qui est le rendez-vous de l'éternité. Il les réunit tous dans l'oratoire de saint Pierre et saint Paul, les embrassa, les bénit, les confia à la garde du moine Gualbert, et, s'en allant, leur montra du doigt le ciel.

Toute une escorte de religieux accompagna l'archevêque. Chemin faisant, sur la rive du fleuve, le patriarche réconfortait pour les combats futurs la troupe de ces soldats de Dieu qu'il ne devait plus lui-même conduire à la victoire. Il leur parlait de cette incessante bataille des justes contre Satan, de qui vient tout le mal, physique et moral, unique cause de nos malheurs, et auquel les serviteurs du Christ ont pour mission d'arracher les âmes et les corps de leurs frères. Une bande de plongeons planait au-dessus du courant, poursuivant et happant à la surface des eaux les poissons de la Loire.

Candes. — La Collégiale actuelle.

« Voyez, dit Martin, ces oiseaux pêcheurs. Ainsi les démons guettent les imprudents qui ne prennent pas garde à leurs attaques ; ils les saisissent traîtreusement et les emportent pour les dévorer.

« Mais, ajouta-t-il, c'est à nous qu'il appartient de défendre nos frères des embuscades de l'ennemi. »

Alors, à haute voix, il commanda aux plongeons de s'éloigner du fleuve. Aussitôt, les oiseaux, dociles à l'ordre de Martin, prirent leur vol et s'enfuirent au-delà des collines de l'horizon.

L'archevêque demeura quelques jours dans l'église et dans le village de Candes.

Un soir, le vieux moine sentit que ses forces étaient épuisées et que l'heure suprême n'était plus loin. Il assembla alors ses religieux, et leur déclara que sa mort était proche.

Ce fut un désespoir autour de lui. Un cri de douleur s'échappa de tous ces cœurs si fortement attachés au grand apôtre :

« Père, lui dirent ses disciples, ne nous abandonnez pas ! A qui donc laisserez-vous vos enfants désolés? Votre troupeau sera attaqué par des loups féroces. Est-il quelqu'un qui puisse nous protéger contre leurs morsures ? Certes, nous savons quel ardent désir vous avez d'aller au Christ. Mais, votre récompense est déjà gagnée ; elle peut attendre, sans être amoindrie. Ayez plutôt pitié de nous, que vous voulez délaisser... »

Les larmes et les gémissements de ses amis émurent profondément Martin. Lui aussi, voyant tous ces sanglots, se mit à pleurer. Alors, levant ses regards vers le ciel, il fit cette prière :

« Seigneur, si vous jugez que je sois encore utile à votre peuple, je ne refuse pas de continuer mon travail. Que votre volonté soit faite ! »

Pendant plusieurs jours, miné par une fièvre violente, le serviteur de Dieu, sans un seul instant se laisser abattre, ne cessait de prier. Impassible contre la mort comme il l'avait été en face des souffrances et des outrages de la vie, le vieux Slave, plus fort que le mal qui le rongeait, ne détournait pas ses yeux du ciel qu'il semblait chercher et appeler.

On l'entendait, dans les épanchements continuels de son âme, murmurer à Dieu sa virile prière de soldat et de prêtre :

« Seigneur, c'est un rude combat qu'il faut ici-bas livrer dans cette armure de notre corps. J'ai lutté jusqu'ici, et je suis rassasié de batailles. Cependant je ne refuse pas, si vous le décidez, de garder plus longtemps mon rang aux avant-postes de votre camp. Je peux veiller encore, malgré l'épuisement de la vieillesse. Commandez, Seigneur; et, à votre ordre, je servirai jusqu'au bout sous votre drapeau. Autant que vous le voudrez, je tiendrai dans ma main l'épée que vous y avez mise. Et, si mes quatre-vingts ans ne vous paraissent pas me donner droit au définitif congé, je vaincrai les années, et j'userai pour vous mes forces mourantes. Mais, Seigneur, si vous avez compassion de mon grand âge, ce sera un insigne bienfait de votre miséricorde. Que votre volonté soit faite! Vous garderez bien, sans moi, ces enfants pour lesquels je tremble. »

Tout le jour, toute la nuit, le moribond ne cessait de prier. Couché sur un lit de cendre, roulé dans un grossier cilice, il domptait l'affaissement de son corps par l'énergie de son âme.

« Souffrez. lui dirent les moines qui l'assistaient, qu'on étende un peu de paille sous vos membres brisés. »

Mais. lui, pénitent jusqu'à la dernière heure, repoussait ce lit trop moelleux pour une agonie d'apôtre.

« Non, mes enfants. Au chrétien qui va mourir. il faut pour couche la cendre et le cilice. Vous léguer un autre exemple, ce serait un péché. »

Et sa prière, toute d'espérance et d'amour, se prolongeait dans le silence des amis groupés autour de lui, tandis que ses mains et ses yeux. toujours levés, ne quittaient pas le chemin des cieux.

Inutilement. les prêtres. agenouillés près de lui. le suppliaient d'alléger la fatigue de son corps meurtri. en se tournant quelques moments sur le côté.

« Laissez-moi. mes enfants. disait-il. Laissez-moi regarder le ciel plutôt que la terre et orienter déjà mon âme sur la route qu'elle doit suivre pour s'envoler à Dieu. »

A ces mots. le démon. l'homme de la

banlieue de Milan, se dressa devant lui.

« Va-t-en ! bête cruelle, s'écria Martin. Tu n'as en moi rien qui t'appartienne, démon maudit. Je m'en vais dans le sein d'Abraham. »

Il acheva à peine ces dernières paroles.

Doucement, l'âme s'exhala du corps épuisé. Alors, il y eut dans cette dé pouille inanimée une soudaine transfigura tion. On eût dit qu'il en sortait de la lumière. Un rayonnement de gloire illumina le visage. Le corps du saint anachorète parut blanc et frais comme celui d'un enfant. Le cristal est moins pur ; et l'ineffable beauté, qui enveloppait cette chair d'octogénaire, usée dans la pénitence et le travail, lui don nait comme un reflet de l'immortelle clarté dont resplendiront un jour les élus ressus- cités.

Cette date inoubliable était le 11 novem- bre 397.

Ce fut un peuple entier qui se réunit aux funérailles de Martin. Le village de Candes fut envahi par une multitude de gens, venus de toutes parts. La population de Tours et des campagnes sembla s'être transportée en ce lieu à jamais vénéré. Non seulement des bourgs et des plus humbles villages de la Touraine on accourut en foule à ces derniers honneurs rendus au saint archevêque; mais, les provinces voisines, le Poitou, le Berry, la Beauce et le Maine, y envoyèrent leurs députations. Plus de deux mille moines se trouvèrent rassemblés autour du monastère. En ce deuil universel, toutes les larmes se mêlaient. Pauvres et riches pleuraient ensemble : car, chacun perdait, dans l'homme incomparable qui venait de mourir, un bienfaiteur et un père.

La marche du cortège fut un triomphe. Poitiers avait, en vain, revendiqué l'honneur d'abriter dans ses murs le corps du moine de Ligugé. Une barque emporta jusqu'à Tours le cercueil de l'archevêque, sur cette Loire qu'il avait si chaudement aimée, et dont les bords, tant de fois bénis par ses miracles, gardaient, sur chaque roche et chaque touffe de gazon, la trace ineffaçable de ses pas.

On déposa la relique sacrée au cimetière chrétien de la ville, où, dans la suite, une église fut bâtie sur le tombeau du saint.

La capitale de la Touraine est restée, à travers les siècles, le rendez-vous des pèlerins du monde catholique à ce glorieux sépulcre. Mais, c'est à la France entière qu'appartient, dans l'impérissable hommage de la piété filiale, le souvenir de celui qui fut le grand saint Martin, apôtre des Gaules.

TABLE DES MATIÈRES

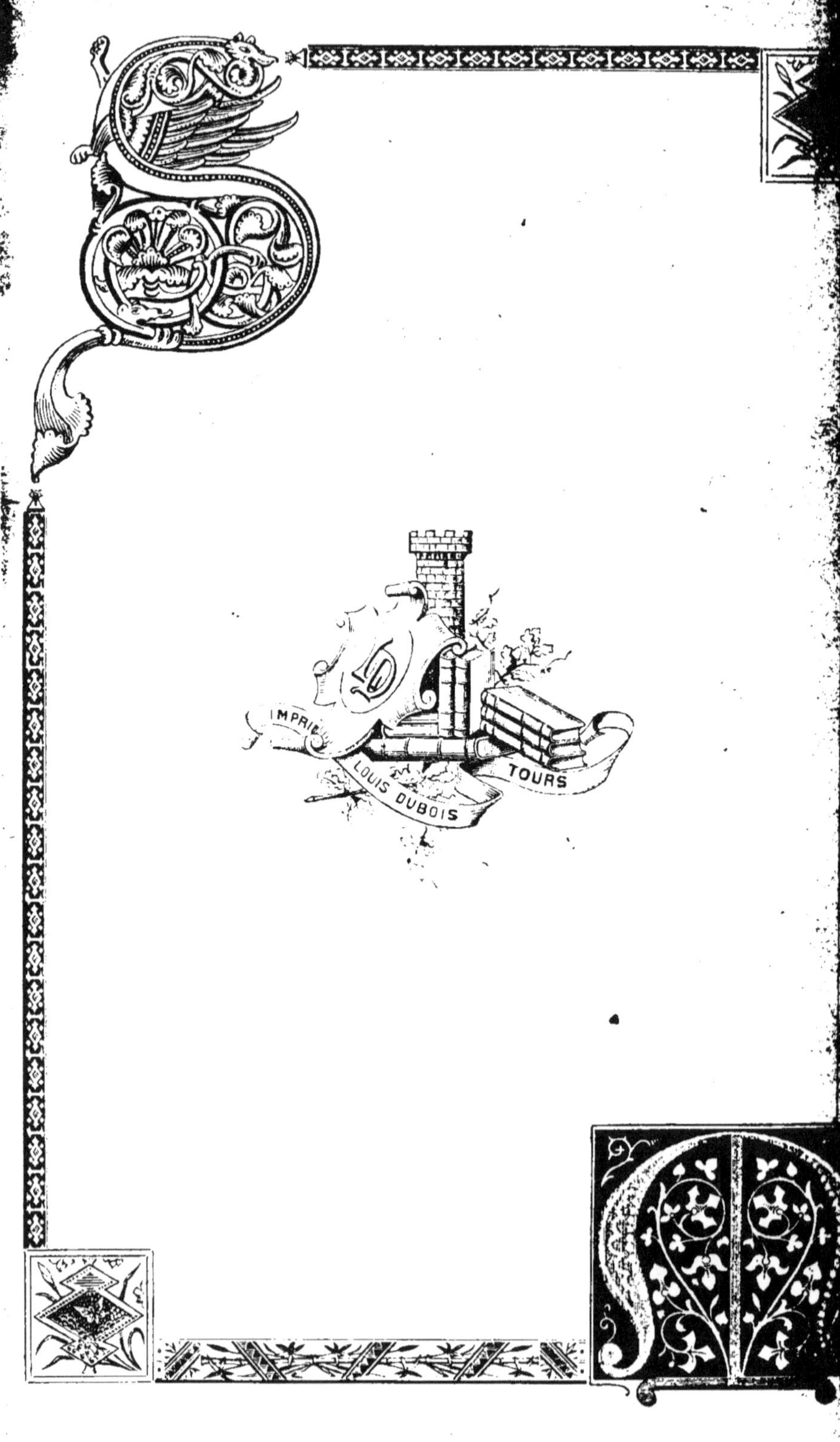
IMPRI
LOUIS DUBOIS
TOURS